ブッダ・高僧の《名言》事典

大法輪閣編集部〔編〕

大法輪閣

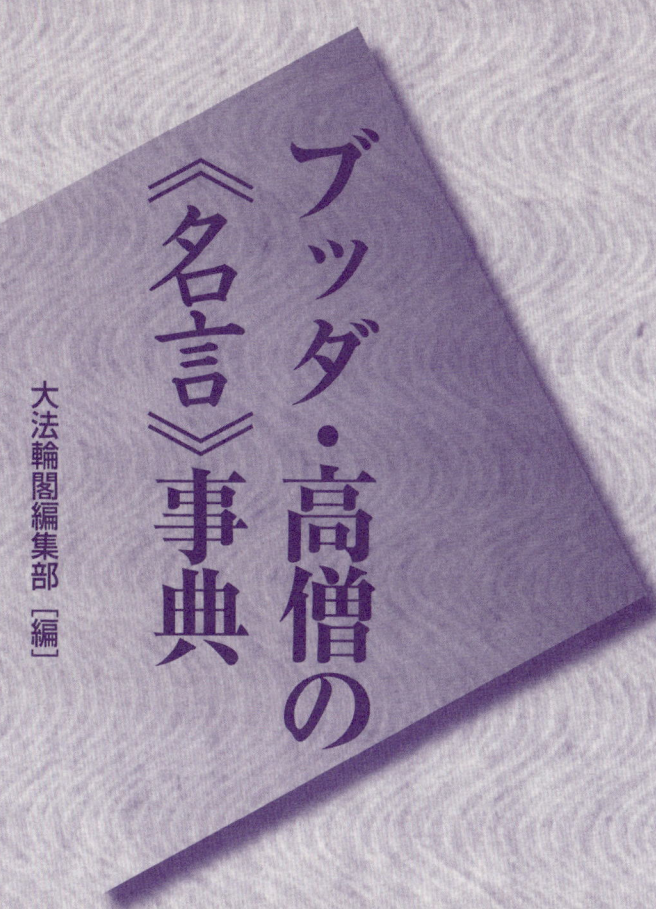

ブッダ・高僧の
《名言》事典

目次

第三章 ブッダの名言――『悟り・救い』について

●装幀……古川文夫（本郷書房）

第一章

ブッダの名言――「真理」について

1

無常と苦しみ

ブッダ説法像（インド・サールナート博物館蔵）

これらすべてのものは無常であり、苦しみであり、変滅《へんめつ》する本性のものである。

――ブッダ（『ウダーナ』Ⅲ・一〇）

仏教の経典では、あちこちで「すべては無常である」と説かれている。「無常」とは「移り変わり少しもとどまらない」という意味である。

では、何故それほどまでに無常であることを強調するのだろうか。

それは、すべてが実際に無常として存在しているからであり、同時に、私たちがその無常であるものを、無常であると気づかないからなのであろう。なかなか気づかないから、何度も強調しなくてはならない。

無常であるものを、いつまでも変わらないものだと思い込んでいる。しかし、思い込みは必ず現実とのあいだにズレが生じる。そして、そのズレは苦しみとなって現れる。

よく観察すると、私たちの身体も心も、また、世間にあるすべても、永遠に変わらないものは何もない。無常なのである。

無常を説くブッダ（＝お釈迦さま、釈尊）の言葉は、このありさまに気づくことが、何よりも大切なのだと教えているのである。

世の中は泡沫《うたかた》のごとしと見よ。世の中はかげろうのごとしと見よ。世の中をこのように観ずる人は、死王もかれを見ることがない。

――ブッダ（『ダンマパダ』第一七〇偈《げ》）

ものごとが移り変わり、少しもとどまらないありさまは、「無常」という言葉以外にも、さまざまな用語をもって表わされている。また、この文章にあるような「泡沫」や「かげろう」といった喩《たと》えが用いられることもある。世の中は、泡沫やかげろうのように無常であるから、そのようにありのままに観て、気づくことが大切だというのである。

ブッダが無常を説くときには、客観的な立場からの物理的な変化を述べているのではない。

また、はかない、むなしい、といった詠嘆的《えいたんてき》な気持ちを持つことを勧めているのでもない。ブッダが無常を説く時には、そこに必ず「苦しみ」と「苦しみからの解脱《げだつ》」という問題が含まれている。

つまり、現実の無常性をありのままにみたときに、苦しみの解決に向けての道が開かれるというのである。

骨で城がつくられ、それに肉と血とが塗ってあり、老いと死と高ぶりとごまかしとがおさめられている。

——ブッダ（『ダンマパダ』第一五〇偈）

これだけを読むと、人のよくない面だけを取り上げた見方で、マイナス思考であると思われるかもしれない。しかし、この言葉は、決して気分を暗くさせる目的で説かれたものではない。日々の生活に流され生きている私たちに何かを気づかせようとする、かなり刺激的な言葉なのである。

よく考えてみると、私たちの身体は、骨と肉と血などから成り立っている。その身体はたえず年をとって弱くなり、死すべきものである。また、心にはいろいろなわずらわしい煩悩が詰まっている。

つまりは、身体は思っているほど堅固なものではないよ、心は思っているほどきれいなものではないよ、とブッダは語っているのであろう。それをありのままに知ることが仏道の出発点になる。

この言葉は、なかなか第一歩を踏み出せないでいる私たちに対して、投げかけられたメッセージであると思う。

生まれたものに、死をまぬがれる道はない。人は老い、死んでいく。これが実に生まれたものの定めである。

――ブッダ（『スッタニパータ』第五七五偈）

私たちは生まれて、そして、いま生きている。生きているからには、老いることと、死ぬことは決して避けられない。

苦しみを定義すると「思い通りにならないこと」。いつまでも若いままでいたい、死にたくない、けれども、そうはいかない。だから「老」と「死」は苦しみとなるのである。

体調に気をつけて老化を遅らせることはできるかもしれない。しかし、それでも老いと死はやってくる。まさしく「定め」なのである。

では、その定めを見極めたうえで何ができるのであろうか。それは、無常を知り、受けとめて、苦しみとしての「老い」と「死」をのり超えることではないだろうか。

ブッダとはそれをのり超えた人である。もちろん、ブッダも年をとり、八

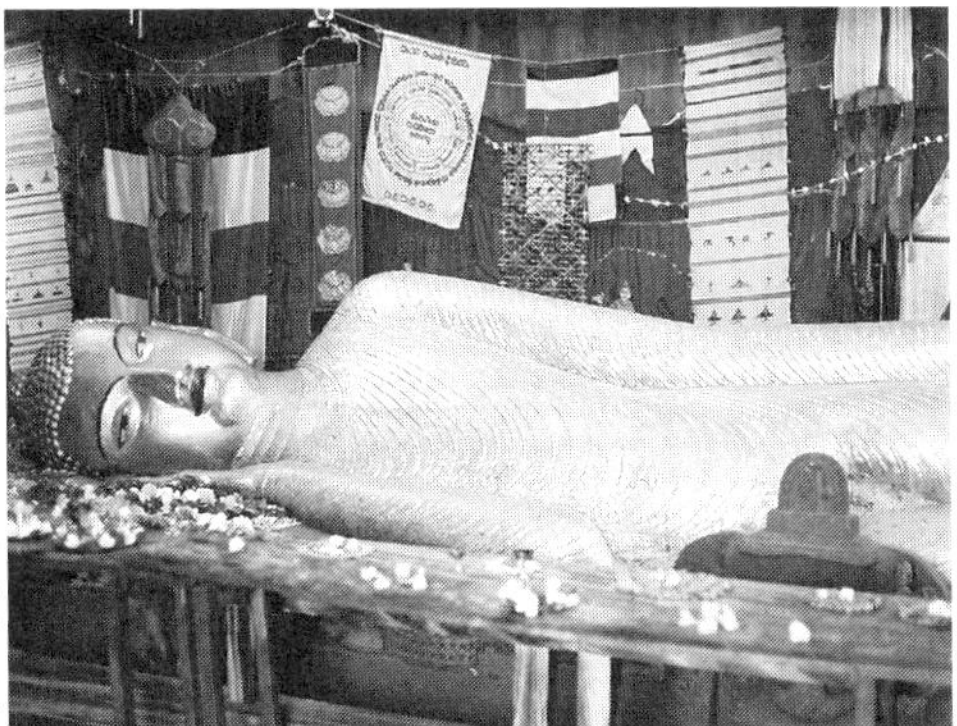

ブッダ涅槃像（インド・クシナガラ）

十歳で亡くなったのだが、その死というのは苦しみを解脱したものだったのである。

世間は無明《むみょう》によって覆《おお》われている。世間は貪《むさぼ》りと怠惰《たいだ》ゆえに輝かない。欲心が世間の汚れである。苦悩が世間の大きな恐怖である。

——ブッダ（『スッタニパータ』第一〇三三偈）

苦しみはなぜ生じてくるのだろうか。さまざまな理由があるかもしれないが、仏教では煩悩があるからだと説明する。

ここに出ている「無明」「貪り」「怠惰」「欲心」というのは、私たちが持っている煩悩の代表と言えるだろう。つまり、輝きながら充実した生き方をできなくする、煩《わずら》わし悩ます心の働きである。

見方を変えれば、煩悩とは、私たちの持つ習慣化された間違った心のクセなのかもしれない。世間の誤ったとらえ方、世間についての誤った解釈の仕方、そして、その世間への誤った反応の仕方などである。

「無明」とは物事の道理を知らないことで、根本的な煩悩の一つとされる。

「貪り」とは好ましい対象をむさぼり求める心。「怠惰」とは怠け心のこと。

そして、「欲心」とは激しい欲望のことである。

世間から輝きを奪っているのも、世間を汚しているのも、その大きな原因は、自分自身の中にある煩悩なのである。

自分こそ老いゆくもので、同様に老いるのを免《まぬが》れないのに、老衰した他人を見ては、悩み、恥じ、嫌悪するであろう、――このことは私にふさわしくない、と言って。私がこのように観察したとき、青年時における青年の意気は全く消えうせてしまった。

――ブッダ（『増支部経典』Ⅰ）

この言葉は、あるときブッダが弟子に向かって、若いころの自分の経験を思い出しながら語ったものである。

「若さ」も無常である。時間とともに、必ず老いゆくのである。ただ、若いころは、なかなかわが身が無常であることを実感できない。同時に、そこに「おごり」の気持ちも生まれる。

老衰した人を見ては嫌悪して、自分の若さにおごり、思い上がってしまう。そのような時がいつまでも続くと思っている。

しかし、すべては変化し、この瞬間にも確実に老いている。その現実を知ったときには、おごる気持ちは消えてしまうというのである。

（服部育郎）

2 老いと死

何の笑いがあるか。何の悦びがあるか。人生は（無常の火に）**燃えているのに。汝《なんじ》らは暗闇に覆《おお》われている。何故、灯火を求めようとしないのか。**

――ブッダ（『ダンマパダ』第一四六偈《げ》）

私たちは、すべては無常だと言いながら、自分だけはその「すべて」の外にいると思い込んでいることがある。無常だと言っている「私自身」が無常だとは気づいていないことはないだろうか。暗闇に覆われているとは、それが見えていないということである。つまり、刻々と老いや死が迫っていることが見えていない。

そこで、ブッダは言う。どうして灯火を求めないのかと。明かりをともすと見えなかったものが見えてくる。その瞬間、気づきが生まれ、心の方向が転換される。もともとあったものが見えていなかっただけなのだということもわかる。

現状が見えれば、それへの対処の仕方がわかる。灯火とは、ブッダの教えであり、私たちの実践であり、また、私たちを苦しみから救ってくれる導きでもあるのだ。

頭髪が白くなったからといって長老ではない。年をとっただけなら「愚かな老いぼれ」と言う。

――ブッダ（『ウダーナヴァルガ』第一一章第一一偈）

文中にある「長老」とは、徳の高い修行者のことである。長く実践をつんだ年配の修行者は徳が高く、多くの人に尊敬されたに違いない。しかし、年をとっていること自体が徳の高さを表す基準にはならない。

ほんとうに大切なことは何だろうか。私たちは、よく本質を忘れて形式にとらわれてしまいがちである。本質を見ないで形式で判断してしまう。ブッダの教えを実践しても、また、実践しなくても、必ず時がたち年をとる。そして、どちらの場合でも、頭髪は白くなる。無常はどんな人にも等しく降りかかるからである。

そこで、たえず移り変わる現実に気づき、物事の本質を見極めて、今のこの時間に、ブッダの教えを実践することが大切になってくるのである。

世の人は死に圧迫され、老いの矢に囲まれ、愛欲の矢に刺され、欲望によってあぶられている。

――ブッダ（『相応部経典』Ⅰ・七・六）

仏典では、すべてが無常であると説く。ただ、その中でも特に、自分の心身が老いて滅びていくことが、もっとも身近であり切実な問題である。

落ち着いてよく観察してみると、私たちは、老いという矢に囲まれて、周りからは死が迫っているようなものである。その軍勢は誰も助けることのできないほど強力である。どのような力持ちでも、どのようなお金持ちでも、どのような権力があったとしても、どうすることもできない。

では、こうした現実にどう対処すればよいのだろうか。たとえば、考えることをやめて忘れたふりをするか、快楽に身を任せて一時的にまぎらわせてしまうか、そうした方法もあるかもしれない。……しかし、ブッダが選んだ方法は、すべてが無常であると気づき、愛欲の矢を抜き、欲望を制御するという実践であった。それ以外に、老いや死の軍勢に打ち勝つ道はないと、ブッダは悟ったからである。

私は病気になった。怠けていてよい時ではない。

——ブッダ（の弟子）（『テーラガーター』第三〇偈）

この言葉は、病気になったブッダの弟子の一人が、ふと気づいたことがあるといって語ったものである。ブッダが直接述べた言葉ではないが、ブッダの重要な教えを表わすものなので、ここに紹介したい。

病気は、自分自身が無常であると気づく一つの機縁と言えるだろう。そこで、彼は「怠けてよい時ではない」と言うのである。怠けるなといっても、無理をしてでも何かをするという意味ではない。病気になると、今までどおりに身体が動かないし、気力もおとろえる。しかし、仏教的な生き方はどのような場合にでもできるはずである。無常であることに気づくことが出発点となる。だからこそ、この弟子は「怠けてよい時ではない」という大切な方向性を見つけたのであろう。

ブッダは八十歳になったとき、最後の旅に出かけた。途中、腹痛を感じ、体力は落ちていく。多くの人々に教えを説いてきたブッダが、弟子たちに残した最後の言葉は、

「すべては無常で移り変わるから、怠ることなく修行を完成しなさい」

であった。

（服部育郎）

3

欲と迷い

愛欲よりうれいは生じ、愛欲よりおそれは生ぜん。愛欲を離れし人に、うれいなし。いずこにか、またおそれあらん。

――ブッダ（『ダンマパダ』第二一六偈《げ》）

私たちは誰かを愛さずには生きてゆけない。でも、どう愛したらお互いが幸せになれるのか分からずにいる。私たちは多くの人に愛されずには生きてこられなかった。でも、いろんな思いが邪魔をして愛されていたことを素直に認められずに苦しんでいるところがある。

生きるということは、生命のつながりの中で人や自然と関わり合うことであり、愛欲はそのなかでもとても大切な要素なのであるが、私たちはその使い方がわからず、自他を大切にできずに迷っているのである。

愛欲をいけないものだとして、はなから否定するのではなく、生きるために使い方を学んでゆくべき力として受けとめたとき、不安やおそれは大空の雲のような自然の風景のひとつになる。そういう学びの道を経て愛欲を離れた平安が訪れるのである。

実に欲望は色とりどりで甘美であり、心に楽しく、種々のかたちで心をかく乱する。欲望の対象にはこの患《うれ》いのあることを見て、犀《さい》の角《つの》のようにただ独り歩め。

――ブッダ（『スッタニパータ』第五〇偈）

いろいろな彩りや楽しそうに見えるものに心を揺り動かされるのは、私たちの心がひとつの対象に落ち着いて関わっていられないからである。禅定《ぜんじょう》や三昧《さんまい》の心は心をひとつの対象にしっかりと落ち着けることでこうした欲望のかく乱戦法を乗り越えてゆく。

心を集中させてひとつの対象と安定して関わることができると、欲望が映し出す対象の誘惑は、本当は揺れ動く自分の心が寂しくて満ち足りなくて叫んでいるサインなのだということに気がつく。

その対象の本当の色彩を祝福し、対象とつながるいのちの喜びを知るとき、その対象との一期一会《いちごいちえ》を大切に頂《いただ》く感謝の心が生まれる。それは自分の中で満ち足りていなかったものをしみじみと味わい満たす本当の心の楽しみである。

愛する人と会うな。愛しない人とも会うな。愛する人に会わないのは苦しい。また愛しない人に会うのも苦しい。

――ブッダ（『ダンマパダ』第二一〇偈）

人生では愛する人にも嫌いな人にも会わなけ

ればいけない。愛する人からも嫌いな人からも必ず別れる時が来る。私たちはその人の何を愛しているのだろうか？　その人のどこがそんなに気に入らないのだろう？　好きな人も嫌いな人も自分自身の何かを映し出してくれるために出会っているのである。

　好きな人の持つ素敵なところ、嫌いな人の破壊してしまいたくなる部分、それらのすべてが自分自身の中にあって祝福され大切に受容される必要のあるものかもしれない。

　苦しみ（ドゥッカ）は心身の痛み以外に人生のさまざまな不満足感を含む。その満たされなさを手がかりにして、自分を見つめることを学んでゆくとき、出会いと別れの喜怒哀楽は、いのちを見守る安らいだ思いやりに熟成されてゆくのである。

瑞兆《ずいちょう》の占《うらな》い、天変地異の占い、夢占い、相の占いを完全にやめ、吉凶の判断をともにすてた修行者は、世の中に正しく遍歴するであろう。

——ブッダ（『スッタニパータ』第三六〇偈）

　自分で自分の人生に責任を取って生きることには不安が伴う。人々がいろいろな占いに走るのはそうした不安を避けて生きようとするからである。修行者が占いを生業《なりわい》とすることは、ある意味で人が自分自身の感覚や体験に基づいて判断して責任ある行動を取れるようになる自立への道を妨《さまた》げてしまう。

　人生には、ときに迷うことも必要である。迷いながらひとつひとつ自分の感覚を頼りに経験を深めてゆくのである。子どもの喜怒哀楽に寄り添いながら、自立への過程をしっかりと見守ってあげることが親の役割であるならば、神聖な存在の役割は自分を信じて自由と平安の道を歩むその姿を示すことである。

親、占い師、カウンセラーとはまた少し違った出家者の灯火としての役割が、そこにあるのである。


田畑は雑草によって害され、この世の人々は愛欲によって害される。それ故に愛欲を離れた人々に供養して与えるならば、大いなる果報を受ける。

――ブッダ（『ダンマパダ』第三五六偈）

田畑で栽培する作物も雑草も本来は同じいのちを共有している。それを人間の価値観で選択して作物は育て雑草は抜く。抜いた雑草は堆肥《たいひ》にしたり鋤《す》き込んだりして循環させてゆくのが農業の技であった。

修行は信仰や気づきや智慧や努力によって心を耕す道である。そこに育つ作物はさまざまな思いやりの実をつけるのである。

愛欲もそのほかの欲望とともにいのちが生きるために必要な力ではあるが、その衝動性に身を任せるとさまざまな痛みや傷を生む。それ故に思いやりの実をつける種を探し、思いやりを窒息《ちっそく》させてしまう愛欲の雑草を引き抜いて堆肥にする智慧と技を必要とする。

聖者に供養することは、与え合うことで思いやりの実を育もうとする私たち自身の願いを祝福することでもあるのである。

人々は恐怖にかられて山林、林、園、樹木、霊樹など多くのものに頼ろうとする。しかしこれは安らかなよりどころではない。これは最上のよりどころではない。それらのよりどころによってはあらゆる苦悩から免れることはできない。

――ブッダ（『ダンマパダ』第一八八、一八九偈）

どのような宗教の根底にもアニミズムやシャーマニズムは潜《ひそ》んでいるものである。私たちのいのちが自然の生命現象の一環であり、自然の母性や父性に育まれなければ生きられない以上避けられないことである。

自然の姿に学びつつも、私たちはブッダの示してくれた解脱《げだつ》への教えに従って、輪廻《りんね》という欲と迷いのジャングルから抜け出す道を歩もうと願うべきである。

そんな私たち人間にとって、目覚めた人（ブッダ）、真理の教え（ダンマ）、ともに歩む仲間（サンガ）こそが本当に頼れるよりどころなのである。

（井上ウィマラ）

4 心のありよう

ものごとは心にもとづき、心を主とし、心によってつくり出される。もしも清らかな心で話したり行ったりたならば、福楽はその人につき従う。影がそのからだから離れないように。

――ブッダ（『ダンマパダ』第二偈《げ》）

心は素粒子《そりゅうし》より十七倍もの速い速度で生滅《しょうめつ》を繰り返している。

心は対象を志向するが、その心自体を対象にはできない。それゆえに、その心がどのようなものであるかを知るためには、心が関わる対象に対してどのような影響を及ぼすか、どのようなモノや関係性を作り出すかによって知るよりほかない。

それは、私たちが鏡に映った像や影を通してしか自分自身を見ることができないのに似ている。清らかな心で行われた行為は、自分をも他人をも幸せにしてくれる。

聖なる心のエネルギーは時空を超えて果報を伝えるのである。

心は動揺し、ざわめき、守り難く、制し難い。英知ある人はこれを直《なお》くする。――弓師が矢柄を直くするように。

――ブッダ（『ダンマパダ』第三三偈）

誰もが瞑想を始めたばかりの頃には、自分の心がこれほどまでにあちらこちらへと動き回っているものかということに、痛いほど気づかされるものである。

心は、樹上の枝から枝へと飛び回っているサルに喩《たと》えられることがある。そんな心をどのように手なづけて育ててゆくのか、智慧を試されるところである。

ブッダは、ありのままに見つめる意識の技法を教えてくれている。純粋な注意を向けることは、どんな対象にとってもありのままの自分を認めて抱きとめてもらえることであり、いのちに必要な滋養を与えることになる。

誰でも広い運動場で自由に遊ぶのをやさしく見守ってもらえたときには、心の中に喜びと安心と素直さが育つ。心の弓師はそのことを熟知しているのである。

（井上ウィマラ）

5 善悪の行為

行《おこな》いを作《な》しおわって、心の内に悔《く》い、顔は涙にぬれて、その果報をうける。まことにかかる行いは善《よ》くなされたるにあらず。

――ブッダ（『ダンマパダ』第六七偈《げ》）

行いを作しおわって、心の内に悔いなく、顔に喜笑《よろこび》あり。おもいたのしくその果報をうける。まことにかかる行いは善くなされたるなり。

――ブッダ（『ダンマパダ』第六八偈）

ここでいう「善悪の行為」とは、人間という得体の知れない生き物のやること、行いのことである。

今、地球上では、七十億人が年中絶え間なく何かをやっている。何をやっているのか。基本的にはそれぞれが生きるために、生きのびるために何かをやる。

二十一・二歳までの学習期はもっぱら自分だけのために時間を使うが、社会人になると必然的に他者との関係の中に自分を置かねばならない。

例えばある人がA社に就職するとする。他の社員たちと共に仕事に励み、よい業績を重ねると社内での信用や地位があがり、報酬も多くなる。勤め先の会社に対してどれだけ貢献したかがその人の評価となり、A社にとってその人は善玉・益虫となる。

ところが、A社と競合するB社があったとすると、その人がA社のために努力すればするほど、B社にとってその人は限りなく悪玉・害虫となる。B社が破産し社員が失職すれば、その怨《うら》みの的にもなるだろう。このような利害の対立が世界史や日本史を紡《つむ》ぎ出してきたのである。

さらに深刻なのは、双方がそれぞれの正義をふりかざして対立する場合である。昨今のアメリカ対テロ集団の抗争、イスラエル対パレスチナの報復の応酬、スリランカのシンハラ族とタミール族の内戦など、すべて正義と正義のぶつかり合いで、その結果多くの尊い生命が失われた。

表題の「善悪の行為」の善とは、悪とは、一体何なのだろうか。

ここで考えてみよう。

悪しき業《こと》は、まことに自分がこれをつくり、自分より生じ、自分によって培《つちか》われて、ついに愚鈍の者を砕《くだ》く。あたかも金剛《こんごう》石（ダイヤモンド）**が宝珠の原石を砕くように。**

——ブッダ（『ダンマパダ』第一六一偈）

悪しき業は、まことに自分がこれをつくり、自分で自分を汚す。自分で悪しき業をつくらないならば、自分で自分を浄《きよ》める。けがれと清浄とは各自それぞれによってつくられるのだ。人が別の人を浄めることはできないのだ。

――ブッダ（『ダンマパダ』第一六五偈）

表題の「善悪の行為」の善悪・正邪・是非とは、一体何を基準としてそのように判断するのだろうか。ここが非常にむずかしいのである。

二〇〇一年九月十一日のニューヨーク貿易センタービルの爆破事件にしても、イスラム過激派は聖戦の勝利を叫び、一方のアメリカはテロ撲滅の正義をふりかざしてイラクに派兵し、泥沼化した戦闘は六年に及び、すでに多数の人々がこれによって生命を失った。

この悲惨な事態は双方が各自の正義に固執することによってもたらされており、さかのぼってその原因や動機を究明してゆくと、結局双方が信奉する唯一絶対の神さまのところまで行ってしまう。

回虫は人体に寄生して種々の悪さをするというので、昔は虫下《むしくだ》し剤を飲んで駆除した。しかし、その虫が人体内でアトピーを防ぐ役目をしていたことが最近わかってきた。つまり害虫であると同時に益虫《えきちゅう》なのである。私たちの周辺のものごとは単純なものなど一つもない。すべて重々にかさなり合ってできている。しかもそれらは生滅変化し一刻も休まない。

それゆえ、相手を観察することも重要だが、まず自分側の判断基準を確定しておくことが実践的態度として大切である。それが「五戒《ごかい》」である。不殺生《ふせっしょう》・不偸盗《ふちゅうとう》・不邪婬《ふじゃいん》・不妄語《ふもうご》・不《ふ》飲酒《おんじゅ》である。そして「自業自得」という考え方である。自分の行為の果報は自分が引き受ける。これが原則である。

善きことには急ぎおもむくべし。悪しきことから心を守るべし。なぜならば、のろのろと福徳《よいこと》をなす人の心は悪しきことを楽しむからだ。

――ブッダ（『ダンマパダ』第一一六偈）

たとえ悪をなしたりとも、ふたたびこれをなすことなかれ。そこに心を向けることなかれ。悪を積むは苦なり。

――ブッダ（『ダンマパダ』第一一七偈）

前の句で、善悪いずれも自業自得であることを見た。しかしアメリカとイスラムテロ集団との抗争などは、本当のところ私には正邪がわかりかねる。『ハムラビ法典』も『旧約聖書』も、「目には目を、歯には歯を」という報復行為を認めている。双方が正義をふりかざして相手を殺し続けている。

四十年ほど前に、コスモスの花の季節に、私はアフガニスタンのバーミヤンの大仏さまの前に坐っていた。そのお顔はスパッと削《そ》ぎ落とされていた。長時間、暗澹《あんたん》とした気持ちで坐り続けていたのを覚えている。今度はそこに大砲の弾丸が打ち込まれ、お姿は木《こ》っ端《ぱ》微塵《みじん》となった。

また、パキスタンのガンダーラ地方を旅し

て、多くの仏さまや菩薩さまの彫像を拝んだが、その多くは、やはり頭部と両手を失っていた。

『ジャータカ』三一六にある兎《うさぎ》の焼身供養《しょうしんくよう》のお話、同五一四にある六色牙象のお話などがイスラムの自爆テロと似て非なる点は、絶対に他を死傷させない、その点である。

仏教では、「四無量心《しむりょうしん》」を説く。

・慈《じ》（いつくしみ）
・悲《ひ》（あわれみ）
・喜《き》（よろこび）
・捨《しゃ》（差別のない平らな心）

の実践によって他の人々に無量の福をもたらし、自らも梵天界《ぼんてんかい》に生まれることを願うのである。

自《おの》れの正義のために他を殺してよいという思想は、仏教にはない。自律が先である。殺生・偸盗・邪婬・妄語・飲酒をしない。これに貪《むさぼり》・瞋《いかり》・邪見などを加えて十不善業道をも説いている。

要するに他の人々の幸福を願うのであれば、まず自らを律せよ。自らの悪を断て。その悪の再発を防止せよ、というのである。悪とは仏道修行の障害となるもの、特に心に湧き出る煩悩《ぼんのう》のことである。

生まれによってバラモン（聖者）**ではない。生まれによって非バラモンではない。行為**（業《ごう》）**によってバラモン**（聖者）**となる。行為**（業）**によって非バラモンとなる。**

――ブッダ（『スッタニパータ』第六五〇偈）

行為（業）によって世間は成り行き、行為（業）によって生類《しょうるい》は成り行く。進む車の轄《くさび》のように、衆生《しゅじょう》は行為（業）に結びついている。

——ブッダ（『スッタニパータ』第六五四偈）

今度は「行為」の質の問題である。行為は人間が生きるための営為《いとなみ》。社会に出て各分野で職責をはたし、応分の報酬を得、生計を立てて日々を送る。

農夫として、職人・商人・下僕・泥棒・戦士・祭官・王として職責をはたす。昔は生まれによって身分・職業が固定していた。王家に生まれた子は王さまに、農家に生まれれば農夫になる。このような身分上の社会的制約の仕組みがあった。階級《カースト》制度である。

かかる社会では職業選択の自由がない、個々の能力が生かされない、貴賤上下の差別があるなどの欠点がある。一番上がバラモン（聖職者）階級である。修行や勉強を重ねて、民衆を指導し、祭祀を司《つかさど》るのがその職務である。

ところが、バラモンの家に生まれてバラモンとなったものの、中身が全くないのにバラモンと名乗る者がいるのである。これは「粃《しいな》」のようなものである。外側の籾殻《もみがら》のおかげで中にお米が入っているように見える。聖職者の衣を着て、戒律を守っているふりをする。一般の人には、本当の聖職者のように見える。

世襲が多くなった日本のお坊さんたちにとっても耳の痛い話である。

――最後に一句。

すべて悪をなさず、善を行い、自己の心を浄める。これが諸仏の教えである。

――ブッダ（『ダンマパダ』第一八三偈）

善とは理想に対して有益有効なもの。悪はその反対である。倫理・道徳・政治・経済・健康などすべてにわたって浄らかな心をもって善を実践する。

これこそが諸仏の教え（七仏通戒偈《しちぶつつうかいげ》）である。

（及川真介）

6 迷える人

世間が「楽」と言うものを、聖者は「苦」と言う。世間が「苦」と言うものを、聖者は「楽」と知る。見難き法を見よ。無知な者はここで迷っている。

——ブッダ（『スッタニパータ』第七六二偈《げ》）

この詩句の主題は輪廻《りんね》と涅槃《ねはん》。輪廻とは、生けるものが、真理に対する無知（無明《むみょう》）と自己保存の衝動（渇愛《かつあい》）に動機付けられて、誕生と死滅を繰り返してゆくことである。

ブッダは輪廻を苦の集まりと捉《とら》えた。そして、輪廻の終焉《しゅうえん》を最高の安楽と見て、これを「涅槃」と呼んだ。自己存在の消滅である涅槃は、自己存在の永続を願い求める我々一般（世間）にはむしろ苦であるが、ブッダは、涅槃を目指す生き方とその実現に、自・他ともに傷つけることのない完全なる善性の確立と、心の不動の静まりを見た。

無明と渇愛に縛られた世間には涅槃の真価は知り難く、我々は昏迷《こんめい》と独善の中に置かれることになる。

この詩句は、我々の迷いの根本を、涅槃の真価を知らないという点に指摘しているのである。

不実を真実と考えて、真実を不実と見る者たち。彼らは、誤った思考をすみかとし、真実を得ることがない。

――ブッダ（『ダンマパダ』第一一偈）

冒頭の「不実」とは、「十事《じゅうじ》の邪見《じゃけん》」を指す。すなわち、

①他者への施しに果報がないと見ること
②慈善活動に果報がないと見ること
③来訪者への敬意に果報がないと見ること
④善・悪の行為に結果がないと見ること
⑤来世と現世のつながりを否定すること
⑥現世と来世のつながりを否定すること
⑦母と⑧父の存在を否定すること
⑨死後に生まれかわる生き物の存在を否定すること
⑩一切知者《いっさいちしゃ》であるブッダの存在を否定すること

である。

これらは、ものごとの真相に反する、誤ったものの見方として、仏教が拒絶するものである。

このような誤った見方を真実と考えて、逆に「十事の正見」（①〜⑩と反対の内容）を不実と見る者は、欲望・怒り・害意に根ざした、誤った思考を自らのすみかとし、戒・定《じょう》・慧《え》・解脱《げだつ》・解脱智見《ちけん》、涅槃という、仏教の真実を得ることがないというのが、その趣意である。

美しく、いろかたちをそなえた花であっても、香りのない花があるように、善く説かれた言葉も、実践しない者にとっては実りがない。

――ブッダ（『ダンマパダ』第五一偈）

詩句中の「善く説かれた言葉」とは、ブッダの教えを指す。

ブッダの教えは、初めも善く、中間においても善く、終わりも善く、意味と表現をそなえ、完全無欠で清浄なる梵行《ぼんぎょう》（ブッダなど聖者たちの行い）を説き明かすという。

我々は、この教えを聞くことがあれば、素晴らしいものと感じるであろう。

しかしそれは、そのままでは香りのない花に等しいものである。

というのも、それを情報・知識として蓄えるだけでは、自己の生き方に教えが持つ善性を発現させることはできないからである。香りのない花を身につけても、体に香りが広がることはないようなものである。

ブッダの教えは、それを実践してはじめてその香りが現われ、我々の人生に安楽の実りをもたらすことを、この詩句は教えている。

眠れない人には夜は長く、疲れている人には一由旬《ゆじゅん》の道も長い。正法《しょうぼう》を知らない愚者には、輪廻は長い。

――ブッダ（『ダンマパダ』第六〇偈）

輪廻は、その始まりが知られないもの（無始）と言われる。しかし、それは終わりの知られないものではない。我々が正法を自己に打ち立てれば、輪廻の終焉《しゅうえん》は必ず実現されるのである。

その正法とは、「八正道《はっしょうどう》」（正しい見識、正しい思考、正しい言葉、正しい行為、正しい生活、正しい努力、正しい注意、正しい精神統一）と言っても、「三学《さんがく》」（戒学《かい》・定学《じょう》・慧学《え》）と言ってもよいだろう。

それは、輪廻をつくり出すところの、真理に対する無知（無明）と自己保存の衝動（渇愛）を滅ぼすものである。

我々は、この正法を知らない愚者である限り、輪廻し続け、苦の連鎖、迷いの中にとどまらなければならない。その道のりは長い。

正法は、渇愛・邪見・慢心にとらわれている限り、知り難いものである。

この詩句は、そのことを我々に反省させるものと言えよう。

「私には子がいる」「私には財がある」と思い、こうして愚者は悩まされる。自己が自己ではないのに、子や財が何をなしえよう。

――ブッダ（『ダンマパダ』第六二偈）

我々は、子や財に自己を託して生きている。我々は、それらがあることに、人生の安らかさを感じる。ここから我々に子や財を得ることへの衝動が生まれてくる。そして、我々は、子の養育と財の獲得に、休む間もなく、日がな奔走《ほんそう》することになる。自分と静かに向き合うことも忘れてしまいながら。

こうして手にした子や財であるが、それらは永遠にあり続けるものではない。そして、それらが失われたとき、我々は苦悩を味わうことであろう。

そもそも、自己すらも実は自己ではない。死が決定的となったとき、我々は我々を思い通りに死から逃れさせることすらできない。子や財も無力である。

この詩句は、この点を指摘して、人生の真の意義を問うものと言えよう。

愚者が愚かであることを知れば、そのことにより彼は賢者と同じになる。愚者でありながら賢者であるとの思いを抱く者、彼こそが「愚者」と言われる。

——ブッダ（『ダンマパダ』第六三偈）

愚者というものは、自身が愚かであることすら知らない者である。愚者とは、自己の現状把握のできない者であると言える。ゆえに、愚者には、自己が人生の問題に直面したときに、これを打開する方途としての、自己転換の道が閉ざされてしまう。

しかし、愚者が自分の愚かさを知れば、そこから自己変革の意識が芽生え、賢者（現世・来世の利益を知る者）に親しみ近づき、賢者から学ぶという姿勢が生まれてくるであろう。そうなれば、この愚者は、もはや愚者ではなくなり、賢者の道を歩む一人となる。

真の愚者とは、自己を賢者であるとさえ錯覚し、他者の言葉にも耳をかさない、傲慢不遜《ごうまんふそん》な生き方をする者である。

この詩句は、己を知ることが自己変革への道であることを教えている。

智慧がなく心乱れて百年のあいだ生きるより、ただ一日でも、智慧をそなえ心静かに生きるほうがすぐれている。
――ブッダ（『ダンマパダ』第一一一偈）

「智慧がない」というのは、苦《く》・集《じゅう》・滅《めつ》・道《どう》の、四つの聖なる真理（四聖諦《ししょうたい》）を知らないという意味である。

それは、

①人生と自己の本質が苦であること
②苦の原因（集）が自己保存の衝動（渇愛）であること
③苦の消滅（滅）が渇愛を捨てた無執着というあり方であること
④苦の消滅に導く方法（道）が八正道であること

の四つの聖なる真理、これらを知らないことを指す。

「心乱れて」とは、智慧を開発する土台となる心の静まりのないこと、すなわち、禅定《ぜんじょう》のない状態を言うものである。

真理に触れる智慧もなく、その土台を築くこともないまま、長く生きていても、それは迷いに埋没する生き方であって、むなしいものであることを、この詩句は説いている。

そして、ただ一日でも、真理に触れて生きることに無限の意義があるということを教えている。

自分を褒《ほ》めあげ、他者を蔑《さげず》む者は、慢心それ自体により低くなる。その人を卑《いや》しき者と知るべし。
――ブッダ（『スッタニパータ』第一三二偈）

この詩句の主題は慢心。慢心とは、生まれ、姓、家柄、容色、財産、聖典の知識、職業分野、技術分野、学問分野、博識、弁舌などを理由に、自己を優越化しようとする気持ちである。

慢心は、我々において、抜き難く横たわる。それは、時に、自分を褒めあげるという行為（自讃）と、他者を蔑むという行為（毀他《きた》）を生み出す。慢心は、他者を軽視する傲慢さと、他者を傷つける言動や行動を生む原因となるのである。

慢心は、我々が自らの誇りを築き、自己の尊厳を保つ源泉ともなるものではあるが、しかしそれは、他者を過小評価して、自讃・毀他という行為を生み出すことで、かえって自己を低劣なあり方に置くものともなる。

この詩句は、このような慢心の危うさを我々に警告していると言えよう。

（古山健一）

第二章

ブッダの名言——「生き方」について

1 真実を求める

さあ、私はみずから生まれるものではあるけれども、生まれることがらのうちに患《わずら》いのあるのを知り、不生《ふしょう》・無上なる安穏であるニルヴァーナを求めよう。

——ブッダ（『中部経典』Ⅰ）

これはブッダ自らが回想する形で説かれたブッダ御自身の出家の動機である。ここには「俗なる求め」が否定され、「聖なる求め」が肯定されている。

「俗なる求め」とは、自ら「生まれるもの」「老いるもの」「病むもの」「死ぬもの」でありながら、さらに他の「生まれるもの」「老いるもの」「病むもの」「死ぬもの」（＝子・妻、財産など）を求めることであって、それには患いがあると説かれている。

それに対し、「聖なる求め」は、自らは生まれるよりほかないもの、老いるよりほかないもの、病むよりほかないもの、死ぬよりほかないものであるから、不生、不老、不病、不死の涅《ね》槃《はん》（ニルヴァーナ）を求めることである。

これは東南西北の門から出発し、はじめて老人、病人、死者、出家者を見て、それが菩薩（成道《じょうどう》前のブッダ）の出家のきっかけとなったと物語る、仏伝の一場面――「四門出遊《しもんしゅつゆう》」の原型とも目される教説である。

ビクらよ、私は実に〔道を求める心を起こして〕**のちに、まだ若い青年であって漆《しっ》黒《こく》の髪あり、楽しい青春にみちていたけれども、人生の春に、父母が欲せず顔に涙を浮かべて泣いていたのに、髪と髭を剃り下して、袈裟衣《けさえ》をつけて、家を出て出家修行者となった。**

――ブッダ（『中部経典』Ⅰ）

ブッダの出家は後世、より文学的に彩られ、感動的な場面を含む物語に発展した。

菩薩は二十九歳の時に、父・継母《ままはは》や妻が寝ている間にチャンナという御者《ぎょしゃ》をともなって愛馬カンタカに乗って城を出るが、その前に生まれたばかりの息子ラーフラをひとめ見ようと妻ヤショーダラーの寝室に入りかけ、ラーフラを抱き上げたら妻が目覚めて出家を止められてしまうと考えて、覚者となってから会いにこようと決意したなどとされている。

この『中部経典』の記述は、ブッダの

眠る妻を残して出家に向かうブッダ
（ガンダーラの浮彫）

出家をことさら誇大に表現することなしに、簡潔に語られている。それゆえいっそう、ここにわれわれは出家が本来どういうものであったかを窺《うかが》い知ることができるのではないであろうか。

究極的に「何が善か」を探求することは、家族の意向といった世俗的なことがらとは、どうしても相容《あいい》れないことを端的に語っていると思われる。

（岩井昌悟）

2 精進と信仰

御者《ぎょしゃ》が馬をよく馴《な》らしたように、おのが感官を静め、高ぶりをすて、汚れのなくなった人――このような境地にある人を神々でさえも羨《うらや》む。

――ブッダ（『ダンマパダ』第九四偈《げ》）

感官（六根《ろっこん》＝眼耳鼻舌身意《げんにびぜつしんい》）は馬に喩《たと》えられる。御者が調教しなければ、馬は暴れまわってどこへ行くかわかったものではない。同様に、感官も防護されなければ、そこからもろもろのよろしくないものが、貪欲《とんよく》、憂いとして、入り込んでくる。

たとえばたまたま伴侶が幸いにも容姿端麗だったとして、それを毎日見つめながら、「これが私のものだなんて」と言って、悦に入って喜んでいると、それはもろもろの事情で壊れてしまう永遠ではないものなので、憂いのもととなる。喜んで見つめているのが伴侶ではない容姿端麗な異性ならば、もっと問題がありそうである。それゆえ見ないにこしたことはないのであるが、それはなかなかできないことであるので、見ることについて自制すれば憂いのもとを作らずにすむ。

同様にして聞くこと、嗅《か》ぐこと、味わうこと、触ること、考えること、すべてについて自制する人は、神々にも羨まれるほど幸せなのである。

人間の身を受けることは難しい。死すべき人々に寿命があるのも難しい。正しい教えを聞くのも難しい。もろもろのみ仏の出現したもうことも難しい。

——ブッダ（『ダンマパダ』第一八二偈）

この句は、三帰依《さんきえ》の前に置かれる、

「人身《にんしん》受け難し、いますでに受く。仏法聞き難し、いますでに聞く。この身今生《こんじょう》においで度《ど》せずんば、さらにいずれの生《しょう》においてかこの身を度せん」

という名文で日本でも親しまれている。

自分が人間であることに特に何の感動もなく、当たり前のように受け取っている人に向けて発せられている警句である。輪廻転生《りんねてんしょう》が大前提の仏教の世界観では、生きとし生けるものは六趣《ろくしゅ》（天《てん》・人《にん》・阿修羅《あしゅら》・餓鬼《がき》・畜生《ちくしょう》・地獄）を輪廻しつつ生き死にしており、来世は人間ではないかもしれない。また運良く人間に生まれてきても、人は老少不定《ふじょう》なので、仏法を聞く前に死んでしまうかもしれない。仏の出現した後でしかもその正法《しょうぼう》が存続している時代に生まれ合わせなければ仏法を聞くことはできない。

様々な条件が都合よく重なって、幸いにも仏法にまみえることができた今こそが、得がたい解脱《げだつ》のチャンスであると、この句は教えてくれている。

起《た》てよ、坐れ。眠って汝《なんじ》らになんの益《えき》があろう。矢に射《い》られて苦しみ悩んでいる者どもに、なんの眠りがあろう。

――ブッダ（『スッタニパータ』第三三一偈）

適度な睡眠は大事であるので、けっして不眠の苦行を勧めているわけではない。惰眠《だみん》を貪《むさぼ》らないことはもちろん含まれているが、ここでいう「眠り」は怠惰、放逸《ほういつ》を意味している。時をむなしく過ごすことなく、怠らずに、熱心に坐って瞑想修行に励むように促《うなが》している句である。

矢は種々様々な煩悩の譬《たと》えである。「煩悩という矢に射られて苦しんでいることに気が付くならば、どうして怠けて過ごしていられようか。心の平安を得るために、ひたすら修行して煩悩という矢を抜け」と述べているのである。

また「ブッダ」という語の原意は「目覚めた人」なので、凡夫は実際には起きて活動していても「眠っている」のかもしれない。それを踏まえてこの句を読めば、「起てよ」にはより大きな意味が含まれるであろう。

眼で見ることを貪《むさぼ》ってはならない。卑《いや》しい話から耳を遠ざけよ。味に耽溺《たんでき》してはならない。世間における何ものをも、わがものであると執《しゅう》することなかれ。

――ブッダ（『スッタニパータ』第九二二偈）

私たちの感官（六根《ろっこん》＝眼耳鼻舌身意）は苦しみの

もとである。

容姿端麗な異性や、美しい絵画、写真などを見て、どうしてももう一度見たいとか、ずっと見ていたい、自分のものにしたいと思いながら、かなわず、腹が立ったりしていないだろうか。また見たことのないものの話を聞いて、それを実際に一度でいいから見てみたいなどと思いながら、それもかなわなかったりする。

グルメ人は、いつでも、もっとおいしいものが食べたいと思っていて、どこそこの店のなになにがおいしいと聞けば、仕事もそっちのけで長い行列に並んでしまったりするのかもしれない。

強すぎる欲求・執着は人の一生をだいなしにすることもある。思い通りにならないことがたくさんあることを肝に銘じて、適当なところであきらめられて、「これは私のものだ」とか「どうしてもあれをわがものとしよう」などと執着しなければ、私たちの苦しみは相当減るのではないであろうか。


修行僧らよ。汝《いまし》らは精励にして正しく気をつけ、よく戒めをたもってあれ。思惟《しゆい》によってよく心を統一し、おのが心を守れよ。

——ブッダ（『大パリニッバーナ経』）

これは般涅槃《はつねはん》（入滅《にゅうめつ》）を目前に控えたブッダが仏弟子《ぶつでし》にむけて語った言葉として伝えられている。

「わが齢《よわい》は熟した。余命はいくばくもない。汝らを捨てて私は逝《い》くであろう」

と語った後にこの句がつづく。

「精励であれ」というのは、言い換えれば「怠るな」ということであるが、これはブッダの最後の言葉にも表われる重要な言葉で、これはよく「正しく気をつける」こと＝「正念《しょうねん》」とセットで説かれている。

「正念」は具体的には四念処《しねんじょ》（＝身《しん》・受《じゅ》・心《しん》・法《ほう》）としてまとめられる身体・感受作用・心・諸々の事象をしっかり見つめて、貪欲《とんよく》と憂いを除く修行であるが、これは有名な、

「自灯明《じとうみょう》・法灯明《ほうとうみょう》」

を実現する手段としても説かれている。卑近な例を述べると、不用意な無意識の行動をなくすことが肝要で、例えば、家を出る際に家の鍵をかけたかどうか、戻って確認しなければ出かけられないなどというのは駄目である。

つづいて戒に言及されるのは、すべての振る舞いを意識下に置くことが、戒を守ることと無関係ではないからであろう。また立ち居振る舞いだけでなく、心の有りようにもたえず注意して、心の暴走を抑えることが「心を守る」ことである。

すべては無常である。怠ることなく実践し、それを完成しなさい。

──ブッダ（『大パリニッバーナ経』）

これはブッダが弟子たちに語った「最後の言葉」（遺言）としてよく知られている。ここにはブッダの四十五年間の教誡《きょうかい》のすべてが凝縮されていると言われている。

この言葉も先と同じく、四念処《しねんじょ》をしっかり見

つめる修行が説かれていると解釈することができる。

ブッダゴーサ（五世紀前半にスリランカで活躍したインド人学僧）によれば、「怠ることなく」とは「念を失うことなく」の意とされ、また「怠るな」が「正念《しょうねん》」＝四念処観と関連が深いことは先に述べたとおりである。

「それを完成しなさい」は「すべてのなすべきことを成し遂げなさい」の意であると注釈されている。

「すべてのなすべきことを成し遂げた」とは阿羅漢《あらかん》になった人が発する決まり文句であるから、ブッダは弟子たちに「阿羅漢になりなさい」と説かれたということになる。

「諸行は無常であると身《しん》・受《じゅ》・心《しん》・法《ほう》の四念処をしっかり見つめて、阿羅漢に到達しなさい」

と、言い換えることができるであろう。

過去を追うな、未来を願うな。過去は過ぎ去ったものであり、未来はいまだ到っていない。現在の状況をそれぞれによく観察し、明らかに見よ。今なすべきことを努力してなせ。

——ブッダ（『中部経典』Ⅳ）

これは「賢善一喜《けんぜんいちき》」または「一夜賢者」と呼ばれる教説の一部である。

「私はかつて若いころはこのような容姿であった」とか、「私は以前にこのような名誉に浴した」などと、過去の自分を思い起こして喜んでいるのが「過去を追う」ことである。

「ダイエットでやせたら私はきれいになるであろう」とか、「私は将来こういう名誉に浴するであろう」などといって、未来の、未だそのようになっていない自分に酔って、喜んでいるのが「未来を願う」ことと理解される。

しかし、過ぎ去ったことは元に戻らない。未来を願っても思い通りになることは滅多にないのであるから、今現在そうでなければ、考えるだけ無駄である。ゆえに今現在の自分をその場その場でしっかり見つめることが大事なのであるが、そうはいっても近視眼的に一喜一憂することを勧めているのではない。

「私が、私が」という心を離れて、現在のいかなる状況にも揺らがない実践に努めることを勧める教説である。

我は良医《ろうい》の病を知って薬を説くがごとし。服と不服とは医の咎《とが》に非ず。

――ブッダ（『仏遺教経《ぶつゆいきょうぎょう》』）

ブッダは良医に、仏法は良薬に喩えられる。良医は病状を正しく知り、その病因を正しく突き止め、健康体の正しい標準を知り、適切に薬を処方する。同様にブッダは衆生《しゅじょう》の現実の状況＝苦を正しく知り、苦の原因が渇愛《かつあい》ないし無《む》明《みょう》であることを突き止め、苦の滅《めつ》という目標を掲げ、その方法として八正道《はっしょうどう》を示された。

しかしながら、その八正道を実際に実践して涅槃《ねはん》に至るか否かは教えの受け手の問題で、至らずともブッダに咎はない。同様に良医が正しく薬を処方してくれても、患者が処方された薬を処方通りに服薬しなければ病気は治らない。

それで病気が治らなくてもそれは医者の咎ではなく、患者の咎である。

また、ブッダは正しい道案内人にも喩えられる。正しく道を説明されても、中には教えられたとおりに歩まず、目的地に到達できない人がいるが、道案内人に過ちはない。

これらの譬喩《ひゆ》には仏教が本来有している厳しい面が現われていると言えるであろう。

（岩井昌悟）

3 貪りを離れる

この世の中を見よ。王者の車のように美麗である。愚者はそこに耽溺《たんでき》するが、心ある人はそれに執着しない。
――ブッダ（『ダンマパダ』第一七一偈《げ》）

ブッダが出家してお悟りになる前のこと、マガダ国のラージャガハを托鉢するブッダの常人らしからぬ態度風貌に目をとめたビンビサーラ王は、わざわざブッダの住まいするところに赴《おもむ》き、「汝《なんじ》の欲する俸禄《ほうろく》を与えよう。由緒ある汝は、かの象軍を先頭とする精鋭なる軍に参加するがよい」と仕官を勧めたのであった。

これに対しブッダは、

「私が出家したのは欲望を求めるためではなく、諸々の欲望のわざわいを見つくし、欲望を離れることこそ安楽であると思うが故に、その道に精進しようと思う」

と答えられた。

世俗の欲得の中に暮らす人々とは違う別の生き方を求め、それが欲望を離れる道であると示された。何の束縛もない最上の幸福を目標に、貪《むさぼ》りを離れる実践道こそが仏教なのだと言えよう。

利益を欲して学ぶのではない。利益がなかったとしても、怒ることがない。妄執《もうしゅう》のために他人に逆らうことがなく、美味に耽溺することもない。

——ブッダ（『スッタニパータ』第八五四偈）

何かになるためであったり、実利のためであったり。私たちの普段していることは、自分の利益のためにしていることばかりなのかもしれない。何をしても見返りを欲し、ねぎらいや賞賛を求めていたり。

自分の考えや見識にこだわり諍《あらそ》いを起こしたり他に逆らうのも、美味しいものに夢中になり不健全な生活をするのも、自分の存在や自分の感覚に執着し、自己の利益に翻弄《ほんろう》されているに過ぎない。

この偈文《げもん》はどのような戒律をたもつ人が安らかな人と言われるのか問われ、ブッダがお答えになった経典の一句である。世俗の名聞利養《みょうもんりよう》を超越して、それらを手放すことに喜びを感じる、より徳の高い幸せを求めるべきことを教えている。

子女ある者は子女について憂《うれ》い、また牛ある者は牛について憂う。実に人間の執着するよりどころは憂いである。執着するよりどころのない人は、憂うることがない。

——ブッダ（『スッタニパータ』第三四偈）

一人インドを旅したとき、駅でトイレに行ったり、列車に乗っているときでも、たいした物が入っていない自分の荷物に常に注意を払っていた。また指定した自分の寝台を他の人が占領したりはしまいかと憂いていた。

物があったり、自分の場を確保することで、私たちは満足や安心を獲得する。だが、実際にはそれらに縛られ、心の多くの部分をそうした自分の執着するものを守ることに費やされているのかもしれない。

幸せをもたらす子供の誕生も、その瞬間から心配や憂いのもとになる。

私たちが執着するものは憂いそのものであり、執着がないほど憂うることがないのだとおぼえておきたいものである。

人々はわがものであると執着した物のために憂う。（自己の）所有したものは常住ではないからである。この世のものはただ変滅すべきものである、と見て、在家にとどまっていてはならない。

――ブッダ（『スッタニパータ』第八〇五偈）

誰もがわが子の誕生を祝い、かわいく思っている。

しかし、かわいい盛りはつかの間で、すぐに口答えをし、言うことを聞かなくなるものである。それでも、身に危険はないか、けがをしたり事故にあったりはしまいかと、わがものとして執着するがゆえに憂い悲しむことになる。

仏教では、すべてのものは無常なるが故に、いずれはともに死がおとずれ別れていかねばならないのだと賢明にこの世の理《ことわり》を知って、わがものという観念を追い払うべきであると教えられている。

普通に暮らす人々と同じように無常なるものに執着していては、いつまでも心の安寧《あんねい》は得られないということを、この偈文は教えてくれている。


善い友だちと交われ。人里はなれ奥まった騒音の少ないところに坐臥《ざが》せよ。飲食に量を知る者であれ。

——ブッダ（『スッタニパータ』第三三八偈）

人間とは実に弱いものである。見たり聞いたり嗅いだり味わったり触れたりという五欲になじみ、心楽しいもの心地良いものになびきやすい。また、他の影響を受けやすいので、なるべく正しい行いをする善い人々と交わることが大切である。

若い頃、高野山で百日間の修行をしたときには、ともに励む修行僧らと専門道場で寝食を共にした。そして、新聞、テレビ、電話などに煩《わずら》わされない環境の中、食事は精進料理で、途中から夕飯を止めて二食にし、また最後には八日間の断食も経験した。

食を制限することは、食べ物を消化吸収するために使われる体のエネルギーが精神面に向かい、落ち着いた心の状態を長時間維持することに繋がった。

自分の心を見つめ、貪りを離れるためには、しかるべき相応《ふさわ》しい環境の中で励むべきことを教えている。

現世を望まず、来世をも望まず、欲求がなくて、とらわれのない人、かれをわれは婆羅門《バラモン》とよぶ。

――ブッダ（『ダンマパダ』第四一〇偈）

貪りの正反対の心が布施の心である。好ましい物は何でも自分に引き寄せる貪りに対して、布施の心は自分のものを他と分かち合い、他者に何かしてあげたいと思う心である。

他に施し布施の実践をすることで、貪りの心を弱めることができる。が、特に貪りの強い人には、自他の身体に対する愛著を滅するために不浄観が勧められている。

ブッダ立像（インドの仏像）

不浄観は、自他の身体を垢や臭気にまみれた不浄なるものと観じたり、段階的に死体が腐乱し朽《く》ちていく様子を観察し、すべての生き物が不浄なるものと観念して貪りの心を滅していくのである。

不浄観を徹底的に修すると、現世で生死《しょうじ》の苦界から解脱したいという心が起こり、欲もなく、悪事をすることもなくなり、来世へ赴く輪廻の因となる生きたいという執着も無くなると言われている。

ここでの婆羅門とは、バラモン教の司祭者のことではなく、理想の修行者を意味している。この偈文は、真の仏道修行者とはそのような人を言うのであると教えているのである。

（横山全雄）

4 怒りを離れる

実にこの世においては、怨《うら》みに報《むく》いるに怨みを以《もっ》てしたならば、ついに怨みの息《や》むことがない。怨みをすててこそ息む。これは永遠の真理である。

――ブッダ（『ダンマパダ』第五偈《げ》）

一九九二年十二月、インド北東部のイスラム教の聖地アヨッディアで、過激なヒンドゥー至上主義者たちがモスクに乱入し、建物を破壊する事件が起こった。

そもそものモスクは、一五二八年にラーマ生誕の地にあったヒンドゥー寺院を破壊し、その上に建てたものだとヒンドゥー教徒は主張したのであった。

この事件が引き金となり、インド全土でヒンドゥー教徒とイスラム教徒との衝突が繰り返され、多くの犠牲者がでた。お互いが怨みをもって怨みに報いた結果であった。

世界中で宗教の名を借りたテロ事件が後を絶たない昨今、ブッダが示されたこの言葉を私たちは、宗教を超えた人類普遍の真理として受け入れたいものである。

われわれは怨みをもつ者たちの間にあって怨みを抱かず、よく心安らかに生きよう。われわれは怨みある者たちの間にあって、怨みを抱かずに生活しよう。

——ブッダ（『ダンマパダ』第一九七偈）

インドのコルカタ（旧カルカッタ）にある仏教寺院に併設する小学校では、仏教徒やヒンドゥー教徒に混じってイスラム教徒の子供たちもたくさん学んでいる。

ヒンドゥー・イスラムの宗教対立が頻発する時勢であっても、寺院の中では、ブッダの像の前でヒンドゥー教の子供たちもイスラム教の子供たちもともに礼拝し、休憩時間には一緒に境《けい》内《だい》を駆け回り、笑い声が絶えることはない。

一人の人間として何の怨みつらみがなくとも、ひとたび何々教徒などと色分けすることで多くの過《あやま》ちが繰り返されてしまう。

一人一人を同じ一つの生命として見ることができたなら、何の不快感も生ずることなく反発することもなく、穏やかに過ごすことができることであろう。

怒らないことによって、怒りにうち勝て。善いことによって、悪いことにうち勝て。与えることによって、物惜しみにうち勝て。真実によって、虚言にうち勝て。

——ブッダ（『ダンマパダ』第二二三偈）

人の言うこと、することに文句を重ね、自分こそよくあれと他に譲ることもない、つい自分かわいさのあまり嘘をつき悪事を重ねる。これら怒り、物惜しみ、悪事をなした後悔などは、私たちを不幸に陥《おとしい》れる強敵と言っていいものである。

ただ、怒らないようにしようと思っても、そう簡単なことではない。そこで、怒る心の反対の心である優しい慈しみの心を育て、怒らない心をつくることで、怒りにうち勝つことを教えている。

物惜しみする心には、人や他の生き物たちのために物を与えることでうち勝ち、善いことをして悪事に勝ち、真実を述べることで嘘偽りにうち勝つことを教えているのである。

他人が怒ったのを知ったら、自分（の心）**を静かにして**（自分が怒ることがないようにするべきである）。**そうすれば、自分も他人も大きな危険から身を守ることになる。**

――ブッダ（『ウダーナヴァルガ』第二〇章第一〇偈）

誰かから怒鳴られたり、憤然《ふんぜん》と何事かを言われたりしたとき、ついその怒りに反発して大きな声で言い返したり、激しく動揺したりしがちなものである。

それに対して、また言われた側も怒鳴り返す、怒りの応酬を繰り返すことになる。怒りの心をぶちまけることで、まずは、その人自身が大きな苦しみを味わい、それだけで終わらず、周りをも巻き込んでみんなを不快な不穏な気分に陥れる。

　何を言われても、何をされても、それに反応した自らの怒りの心を素早く察知して、次の瞬間には冷静に他のことに心を移すよう心がけねばならない。

　そうして、現われた怒りの心が一瞬で無くなれば、相手の怒りも終息に向かい大きな危険から身を守ることになるのである。


心が静まり、身がととのえられ、正しく生活し、正しく知って解脱している人に、どうして怒りがあろうか。はっきりと知っている人に、怒りは存在しない。

――ブッダ（『ウダーナヴァルガ』第二〇章第一七偈）

　気に入らないことに出くわしたとき、とっさに心静まらない中で、物事の前後関係さえわきまえずに思考し、妄想して、荒々しい言葉を発する怒り。顔は紅潮し、体はこわばり震える。

　怒りは、物事の因果道理を理解しないがために生じる心である。この世に現われたすべての物事には原因があり、それは様々な条件により結果する。その結果がまた原因となり、次の結果を生じさせていく。すべてのものがこの因縁の世界の中で存在していることをはっきりと知るならば、怒りの心が現われることがないと、この偈文《げもん》は教えている。

　ちょっとしたことから怒りの心が生じないために、日頃から常に自らの心を観察する習慣を身につけ、物事の原因と結果をできるだけきちんと冷静に理解するよう心がけることが大切なのである。

怒りを断てば安らかに寝ることができる。怒りを断てば悲しむことがない。
──ブッダ（『相応部経典』Ⅰ・八・一）

怒りの正反対の心が慈しみの心である。好ましくないものを嫌い、拒絶する怒りに対して、慈しみの心は、他を受け入れ共感する心である。特に怒りっぽい人のためには、この慈しみの心を育てる四無量心《しむりょうしん》（慈《じ》・悲《ひ》・喜《き》・捨《しゃ》）を修行するよう勧められている。

生きとし生けるものを友として観じ、それらが苦しんでいるときには救ってあげよう、喜んでいるときにはともに喜ぼう、誰に対してもわけへだてなく好き嫌いなく冷静に対しようとする心を育てることで、怒りの心を滅していくことができる。

そうして誰にも敵対する相手としてではなく、親しみが感じられるようになれば、何を見ても聞いても文句を言い怒りの心が生じていた人でも心穏やかになり、人が困っていれば物惜しみせずに手助けし、人の幸せに嫉妬することもなく、過去になされたことに後悔することもなくなることであろう。

そうなれば、安らかに寝ることができ、悲しむこともないと、この偈文は教えているのである。

（横山全雄）

5 言葉

善《よ》く言われたことは最上である、とよき人たちは言う。法を語れ。非法を語るな。愛語《あいご》を語れ。不愛語を語るな。真実を語れ。虚偽《きょぎ》を語るな。

――ブッダ（『スッタニパータ』第四五〇偈《げ》）

当然のことであるが、人間は言葉がないと生きていけない。

小学校時代までに基本的な言葉を身につけて、それをもとにして、中学・高校・大学で自然界や人間社会の仕組みを学び、社会人になってからは言葉によって培《つちか》われた知能をフルに活用して社会活動をし、家庭を営み一生を終える。死ぬまで使い続けるのであるから、一人の人間が一生に使う言葉の量はものすごいものだろう。

その言葉は一生の間、手足や影のごとく一刻もその人から離れないで、その人の思想を形成し、その人の思いを他の人々に伝え続ける。

このように言葉はとても大事な道具なのであるが、時として、「刃物」のように人を傷つける凶器にもなってしまう。

まことに人が生まれると、口の中には斧《おの》が生え、その斧で自分を切る。愚者は悪《あ》しく言う言葉を語りつつ。

――ブッダ（『スッタニパータ』第六五七偈）

言葉は刃物にもなると言った。そうなのだ。言葉は人間にとってなくてはならない有益な道具であるが、一面でそれは鋭利な刃物にもなるのである。

庖丁《ほうちょう》や鉄パイプや野球のバットや自動車など、本来は大変有益に使われていたものが、何かの拍子《ひょうし》に突然殺人の凶器になる。言葉も同じである。普通に使われる場合にはこんなに有益で便利重宝なものはないのだが、一端《いったん》相手を攻撃し中傷《ちゅうしょう》し誹謗《ひぼう》したりする場合には凶器となって相手を傷つける。そしてその言葉の行為は、ひるがえって自分自身を傷つけてしまうのである。

そのような言葉を使っているうちに、いつの間にか自分の中にある良心まで傷つけて、その人は卑《いや》しい人間に落ちていくのである。

およそ実行をともなわない、やさしい言葉（愛語）**を、友人の間で言う人は、行わないで言うだけだ、と賢者たちは知る。**

――ブッダ（『スッタニパータ』第二五四偈）

では、相手を傷つけない言葉なら何でもよいのか。それは駄目だ。

一端口から言葉を出すと、軽重の差はあれ、発言者には発言内容を実行する義務・責任が生じる。友人同士や恋人同士の間では、ややもすると相手との関係がギクシャクするのを心配し恐れて、そちらへの配慮が先行し、つい甘い言葉を口にしがちである。

そしてそれが実行されなかったために、かえって友人や恋人や仕事上の関係が破局を迎えた例はたくさんある。

仏教では、人と接する時すべきこととして、

①布施《ふせ》（相手に与えること）
②愛語（やさしい言葉で話すこと）
③利行《りぎょう》（利益を与えること）
④同事《どうじ》（相手と同じ立場に立つこと）

という「四摂事《ししょうじ》」が示されるが、いずれも実行することが肝要である。

言葉の怒りをまもりて、言葉をつつしむべし。言うべからざることを棄てて、言うべきことを言うべし。

——ブッダ（『ダンマパダ』第二三二偈）

前の句は「やさしい言葉（愛語）」についてのことであったが、今度は「怒りの言葉」についてである。これが、よくあるのだ。どなったり、わめいたり、時には静かに怒りを込めて言う。

「売り言葉に買い言葉」と言うが、私たちはつい相手の言葉に対してストレートに反応してしまう。

結局これは「心」の問題なのである。こちらの心が相手の言葉によって傷つけられ、それが事実無根の中傷だったりすると、こちらの心に

次第に、あるいは突然に怒りが充満し、思わず怒りの感情が荒々しい言葉となってほとばしり出る。

そうなるともう「言っていいのか、悪いのか」などと判断するゆとりもなく、ただ猛火に焼かれ、激流に流されるのみである。

常に心を冷静に、平常に保つべし、とブッダは言われているのである。

真実こそ甘露《かんろ》（不死）の言葉。これは永遠の（古来の）法。真実と意義（利益《りやく》）と法の上に善き人たちは立つ。

――ブッダ（『スッタニパータ』第四五三偈）

ここでいう「真実」とは、何だろうか。

今日私たちは、極微から極大にいたるまで一切の事象は科学の力によって確認できると思い、科学的手法で確認されたことは、即「客観的事実」として是認しがちである。

しかし、ブッダには電子顕微鏡もコンピュータも必要ない。ブッダは五つの眼で万象《ばんしょう》を、特に人間とその営《いとなみ》為を見抜くのである。肉眼《にくげん》・天眼《てんげん》・慧眼《えげん》・法眼《ほうげん》・仏眼《ぶつげん》の五つである。遠い昔からはるかなる未来まで、それぞれの人間の営為の姿がこの五眼に映る。

人間の喜びも悲しみも苦しみも楽しみも、すべてを知って、そこで「人間とは何か」がブッダによって見定められ、「真実」として提示されるのである。

この「真実」をふまえて甘露・涅槃《ねはん》への道が示されるのである。

涅槃に達するために、苦を終滅させるために、仏が説かれる安らぎの言葉、それこそが言葉の中の最上のものなのだ。

――ブッダ（『スッタニパータ』第四五四偈）

前の句のところで、ブッダはすべての人間の心と身体《からだ》とその営みの一切を見抜いた、と述べた。

人間はおしなべて煩悩《ぼんのう》まみれの存在であり、その煩悩こそがすべての苦しみの元凶《げんきょう》だ、と見抜いたのである。さらにブッダは「因果律《いんがりつ》」にもとづいて人間のありさまを解明した。すべては原因と結果の鎖につながれて存在している、とつきとめたのである。

この真理をふまえて人々を救う方策がある、と確信し、人々を苦しみから解放しようと決意し、ブッダは四十五年にわたる衆生救済《しゅじょうきゅうさい》の旅に出た。

もがき苦しむ人々をもう黙って見ていられない、衆生をあわれむ気持ちがブッダを旅に駆り立てたのであろう。

ブッダは、生涯をかけて一途《いちず》に、人々に安らぎの言葉を与え続けられたのである。

（及川真介）

6 他者

他人の過失を見るなかれ。他人のしたこととしなかったことを見るな。ただ自分のしたこととしなかったことだけを見よ。

――ブッダ（『ダンマパダ』第五〇偈《げ》）

この言葉は舎衛城《しゃえじょう》の、ある女性のために語られたものとされている。あるときその女性はブッダの説法を聞きに行ったが、かねてから贔《ひい》屓《き》にしていた外道《げどう》（他宗教）の修行者に、「もしお前があいつに敬いの心を起こしたら、食い殺してやる」と嚇《おど》されたので、せっかくのお話に身が入らなかった。そこでブッダはこの言葉を話されたという。

仏教は「善因楽果、悪因苦果」という教えが基本である。要するに「自業自得《じごうじとく》」ということで、幸せになるのも不幸せになるのも、すべて自分の責任で、他人が幸せにしてくれるわけではないのだから、自分の信念にしたがってかつ行い、かつ反省するということこそが重要で、基本的には、他人の言うことに惑わされることも、他人の言動を気にかけることもないということである。だから他人の過失をほじくりだすなどは言語道断といえるだろう。

弟子たちに説法するブッダ
（インドの浮彫）

悪い友と交わるな。卑しい人と交わるな。善い友と交われ。尊い人と交われ。
——ブッダ（『ダンマパダ』第七八偈）

「悪い友」「卑しい人」というのは、仏の道から遠ざかっている人のことであり、「善い友」「尊い人」というのは仏の道を歩んでいる人のことである。

仏の道を歩んでいれば、安らかな生涯を保証されるが、それに反する人は一時の快楽は得られたとしても、結果としては苦しみを味わわなければならない。

「慈悲」はサンスクリット語ではマイトリーだが、この言葉は「友」を意味するミトラという言葉が語源である。要するに「慈悲」は「友愛」というものがもとであって、よき友を得ることが私たちにとっていかに大切であるかがわかる。

「善き友」のことを「善知識《ぜんちしき》」というが、仏典では、善知識に親しみ、仏法を聞いて、信を起こすことが悟りを得るための最初の契機とされている。

アトゥラよ、これは昔からのことだ。今日だけのことではない。人は黙っているものを非難し、多くを語るものをも非難する。この世において、非難されずにいたものは誰もどこにもいない。ただ非難されるだけの人、また、ただ賞《ほ》められるだけの人は過去にもいなかったし、未来にもいないだろう。現在にもいない。

――ブッダ（『ダンマパダ』第二二七・二二八偈）

アトゥラというのは一人の在家信者の名前で、たくさんある原始仏教経典の中に、この名前が出るのはここだけである。こういうさりげない形でこんな名前が出るのは、この句が本当にブッダが話された言葉そのままであるという証拠かも知れない。

経典の注釈書によれば、このアトゥラがブッダの高弟たちに教えを受けに行ったとき、レーヴァタは何も語らず、サーリプッタは多くを語り、アーナンダはただ一言語っただけだ、などと非難しているのを聞かれたブッダが説かれた教えであるとされている。

レーヴァタやサーリプッタなどの高弟はおろか、大地も太陽も月も、ブッダでさえ賞讃されたり、非難されたりすることがある。といって、ただ非難されるだけの人、ただ賞められるだけの人もいない。世の中に毀誉褒貶《きよほうへん》はつきものなのだから、取るに足りない愚か者の非難や賞讃は気にすることはないが、「心ある人が日に日に考察して賞讃するならば、その人を誰が非難しうるであろうか。神々や梵天でさえ賞讃する」（『ダンマパダ』第二二九・二三〇）とされている。つまらない世評は気にすることはないが、心ある人の評はきちんと受けとめなければならない、ということである。

他人の過失は見やすいけれど、自己の過失は見がたい。人は他人の過失を籾《もみ》殻《がら》のように吹き飛ばす。しかし自分の過失は、隠してしまう。——狡猾《こうかつ》な賭《と》博師《ばくし》が不利なさいの目を隠してしまうように。

——ブッダ（『ダンマパダ』第二五二偈）

仏教の悟りの智慧は、「あるがまま」を「あるがまま」に見ることである。これを如実知見《にょじつちけん》という。「あるがまま」というのは諸法実相《しょほうじっそう》という言葉が語るように「真実」ということである。

しかし欲目とか僻目《ひがめ》といった色眼鏡をつけて見ると「あるがまま」が「あるがまま」に見えない。「隣りの芝生は青い」とか「あばたもえくぼ」などということわざはそれを表わしている。

しかも私たちはこの誤りを素直に認めないで、他人の攻撃に向かいがちである。「目くそが鼻くそを笑う」くらいならたわいもないと笑ってすまされるが、自分の過失を隠して、他人の過失を告発するようなことになると、パレスチナのように泥沼の戦争に陥るようなことにもなりかねない。

　自分のよい面も悪い面も「あるがまま」に見ることができなければ、長所をより伸ばし、短所を矯《た》めるということもできないだろう。


自分の得たものを軽んじてはならない。他人の得たものを羨《うらや》むな。他人を羨む修行僧は心の安定を得ることができない。

――ブッダ（『ダンマパダ』第三六五偈）

　修行僧が托鉢《たくはつ》によって得たものの多少に一喜一憂することを戒めたものだが、これはどんな人にもあてはまるだろう。この後に「たとい得たものは少なくとも、修行僧が自分の得たものを軽んじることがないならば、怠ることなく清く生きるその人を、神々も称讃する」という句が続く。

　それが在家者であれ、出家者であれ、仏教の教えの基本は「少欲知足」である。得たものに感謝し、それに満足できれば、心安らかに生きられる。仏教にはさまざまな戒律があるが、すべてこれを精神としていると言ってよいだろう。

　今の社会は欲望を充足しようとすることが罪ではなく、むしろ美徳のように考えられているが、これは「少欲知足」の教えに反している。現代人が心の安定を得るどころか、むしろとげとげしくなるばかりという事実からだけでも、それは実証されているのではないだろうか。

何人も他人を欺《あざむ》いてはならない。たといどこにあっても他人を軽んじてはならない。悩まそうとして怒りの想いをいだいて、互いに他人に苦痛を与えることを望んではならない。

——ブッダ（『スッタニパータ』第一四八偈）

南方仏教圏の国々でよく読誦《どくじゅ》されている、『スッタニパータ』から抜粋《ばっすい》された『慈経』というお経の中の一句である。

この経は「一切の生きとし生けるものは幸せであれ」と祈る内容で、この後に「あたかも、母が自分の一人子を命を賭けても護るように、そのように一切の生きとし生けるものに、無量の慈しみの心を起こさなければならない」という句が続く。他人を欺き、軽んじ、怒りの心から、他人を苦しめようなどという気持ちは、人を敵《かたき》とでも思わなければ起こらないであろう。

けっして生まれながらの敵という者はいないのである。むしろ自分が欺き、軽んじるから敵も生まれるのである。「袖《そで》振り（すり）合うも多生《たしょう》の縁」で、一切のものに慈しみをもって接すれば、それこそすべてが親兄弟のように思えるのではないだろうか。

父母につかえること、妻子を愛し護ること、仕事に秩序あり混乱せぬこと、これがこよなき幸せである。

——ブッダ（『スッタニパータ』第二六二偈）

「人々は幸せを願っています。最高の幸せとは何でしょうか」という質問に、ブッダが答えられたものである。このほかに、賢者に親しむこと、深い学識と技術を身につけること、布施をすること、親族を愛し護ることなどがあげられている。

最初期の仏教は出家を勧める出家仏教であったが、このようにけっして家族や親族を否定したわけではない。出家してからも、両親が病気の時などは見舞うべきことが勧められている。

ブッダ在世時代のインドは家父長を中心とする大家族制度であった。ブッダのサンガは、もともとこの大家族制度がモデルとなっているといってよいのである。「精舎《しょうじゃ》では和尚・阿闍梨《あじゃり》や兄弟弟子が、家にある母・父・兄弟である」とされている。昔は出家者の姓はすべてが「釈氏《しゃくし》」だった。出家するとブッダ（釈尊）を長とする家族の一員となったのである。

家にいても出家しても、父母を敬い、妻子を愛し、兄弟が睦《むつ》びあうことが幸せであることに変わりはないのである。
（森　章司）

7 自己

戦場で百万の敵に勝つとも、ただ一人の自己に克《か》つ者こそ、不滅の勝者である。

——ブッダ（『ダンマパダ』第一〇三偈《げ》、『ウダーナヴァルガ』第二三章第三偈）

「自己に克つ」は自己を制御するという意味である。

仏教辞典で「我」がつく熟語をひいてみると、「我愛」「我執」「我慢」「我欲」というような言葉が出てくる。すべて自己を中心に考えるところから生まれてくる迷いで、すべての煩悩《ぼんのう》はここから派生するといってよいだろう。確かにいちばん打ち克ちがたい難敵は自分自身なのである。

だから仏教の教えの根本には、自分へのとらわれを離れるという意味の「無我」の教えがあるのである。

「無我」になり切ることができれば、打ち勝つべき敵も存在しないということができるのである。

他人に教える通りに、自分も行え。自分をよくととのえた人こそ、他人をととのえるであろう。自己は実に制し難い。

――ブッダ（『ダンマパダ』第一五九偈）

人を指導するときには垂範率先《すいはんそっせん》しなければならないことは言うまでもない。「言行一致」「背中で導く」と言ってもよいだろう。

経典の注釈書によればこの句は、自分は眠ってばかりいるのに、目を覚ますたびに弟子たちをたたき起こして、坐禅をさせたというパダーニカティッサという長老に対して説かれたとされている。

いつもパダーニカティッサにたたき起こされていた弟子たちは、疲れ果ててかえって坐禅に集中できなかったが、「それにしても私たちの師はたいへん精進される方だ。一度ご様子を伺ってみよう」と房に行ってみると眠り惚《ほう》けていたという落ちがついている。

教師稼業をしていると、この教えは身につまされるものがある。親が子を導く場合にも、上司が部下に接する場合にもあてはまることであろう。

自己こそ自分の主《あるじ》である。他人がどうして（自分の）**主であろうか？　自己をよくととのえたならば、得がたき主を得る。**

――ブッダ（『ダンマパダ』第一六〇偈）

仏教では「無我」を説くが、決して行為の主体である自分をなくせなどとは言っていない。自分さえよければよいという「自分本位な自分」を抑制できるのは、自分のほかにないのである。

「無我」というのは、こういう自分本位な自分を捨て去ることを教えるものであり、もしこれを達成できたならば、ここに言われるように「得がたき主」を得たことになるのである。

このような趣旨の句は、他にも多く見い出される。

「自分こそ自分の主である。自分の拠《よ》りどころは自分である。だから自分をととのえよ。商人が馬をよく調教するように」(『ダンマパダ』第三八〇偈)

はその一つである。

悪をなすならば、みずから汚れ、みずから悪をなさないならば、みずから浄《きよ》まる。浄いのも浄くないのも、各自のことがらである。人は他人を浄めることができない。

——ブッダ(『ダンマパダ』第一六五偈)

人がパンを食べて、私の腹がふくれればこんなに都合のよいことはないが、世の中そううまくはいかない。自分の犯した罪は自分が償《つぐな》わなければならない。

大乗仏教になると自分の善を他の人に振り向けることができるという「廻向《えこう》」の思想が生まれ追善供養などの根拠になっているのだが、やはり「自業自得《じごうじとく》」という業の思想のほうがわかりよいであろう。自らは怠《なま》け惚《ほう》けていて、他人が私を幸せにしてくれるということはありえない。たとい親であろうとも子の苦しみを代わって引き受けることはできないのだ。

「自分を愛《いと》しいものと知るなら、自分を悪と結びつけてはならない。悪を行う人が楽しみを得ることは難しいのだから」（『ウダーナヴァルガ』第五章第一三偈）

という句もある。

たとい他人にとっていかに大事であろうとも、（自分ではない）**他人の目的のために自分のつとめを捨て去ってはならぬ。自分の目的を熟知して、自分のつとめに専念せよ。**

――ブッダ（『ダンマパダ』第一六六偈）

まず一人ひとりが悟りを得ることを目標とする初期仏教の教えであって、大乗仏教では異なった説き方があるかも知れない。

経典の注釈書では、この句は次のような状況において説かれたとされている。

ブッダが四ヶ月後に入滅《にゅうめつ》するということを宣言されたので（これは『涅槃経《ねはんぎょう》』で入滅を宣言されたシーンとは異なる）、仏弟子の多くは途方に暮れているのに、アッタダッタという比丘《びく》のみはブッダの存命中に悟りを得ようと修行にいそしんだ。他の比丘たちは彼にはブッダに対する愛情がないと批判したのに対して、ブッダは、「比丘たちよ、私に愛情をいだく者はこうでなければならない。香などで供養するのは、私を供養する道ではない。法を修することこそ、私を供養する本当の道だ」と教えられ、この句を説かれたとされている。

林の中で、縛《しば》られていない鹿が食物を求めて欲するところに赴《おもむ》くように、聡明な人は独立自由をめざして、犀《さい》の角《つの》のようにただ独り歩め。

——ブッダ（『スッタニパータ』第三九偈）

初期仏教ではこのように、修行者たるものは林の中でただ独り（一人）で修行することが理想とされていたと思われるかも知れないが、必ずしもそうではない。この一連の句の中にも、「もしも汝が、賢明で協同し行儀正しい明敏な同伴者を得たならば、あらゆる危難にうち勝ち、心喜び、気をおちつかせて、彼とともに歩め」（第四五偈）とされている。

ゆえに理想は、素晴らしい師匠や勝れた友に囲まれて互いに切磋琢磨《せっさたくま》しあうことなのである。それは俗世間にある人とて同じだろう。ところが人は安きに流れるため、むしろ気楽な仲間と群れたがる。それゆえ、

「愚か者を連れとせず、独りで行くほうがよい。そして、もろもろの悪をなさず、林の中の象のように少欲で、独り行くがよい」（『ダンマパダ』第三三〇偈）

というような教えになるのである。

自らを島とし、自らを拠りどころとして、他を拠りどころとせず。法を島とし、法を拠りどころとして、他を拠りどころとせずにあれ。

——ブッダ（『大パリニッバーナ経』）

八十歳になられたブッダが死に至るような病にかかられたとき、侍者の阿難《あなん》が教団の行く末を心配したときに語られた言葉である。

ブッダはお元気な頃から、二大弟子と称される舎利弗《しゃりほつ》や目連《もくれん》にさえ、その教団を引き継がせようとは考えておられなかった。七十二歳の頃に提婆達多《だいばだった》がブッダの老齢を理由に、教団を自分に委譲せよと要求したとき、「舎利弗や目連にさえ譲らない、いわんや提婆達多のごとき者においてをや」と、断固として拒絶されたことに示されている。それは「自分が説いた法と戒律が自分なき後の比丘たちの師である」と考えられていたからである。

だからこのとき、「教団は私に何を期待するのか。私は内外の隔てなく法を説いた。私には何ものかを弟子に隠すような教師の握りこぶしはない。私は教団を導こうとも、教団は私を頼っているとも考えたことはない。すべての教えは説き尽されて余すところはない」と示された後、この句を説かれたのである。

「あなたがた一人ひとりが主人公となり、私が説いた法にしたがって教団を運営し、人々を教え導きなさい」というのがその意味である。

天上天下唯我独尊《てんじょうてんげゆいがどくそん》

――ブッダ（『根本説一切有部律《こんぽんせついっさいうぶりつ》』）

この文献では、ブッダが誕生されたとき、帝《たい》釈天《しゃくてん》が敷いた蓮華の花の上を七歩あるき、四方を見回し、上下を指さして、「これは我が最後の身である」として、この句を唱えられたとされている。

この句に相当する部分は、パーリ語の聖典では「私は世間で最高のものである」とされており、他の経典でも多くはこのような表現となっている。

ブッダは衆生済度《しゅじょうさいど》のために天文学的な長い期間にわたる修行をされて、最後の生においてブッダとなられたとされており、このブッダが世に出るのは優曇華《うどんげ》が億万劫《おくまんごう》に一度花開くようなものだとされている。

ブッダ誕生像
（ネパール・ルンビニー）

だから有情《うじょう》（生きとし生けるもの）の中で最尊であることは言うまでもないのであるが、といって誕生されたばかりのブッダご自身が、このような言葉を発せられたとは考えられない。後世の仏教信者たちが、尊崇《そんすう》の余りにこのような伝説を作り上げたものであろう。

しかし、ブッダが誕生されたからこそ、いまここに仏教があるのだから、「最尊」と崇めたくなるのも自然な気持ちというべきであろう。


（森　章司）

第三章

ブッダの名言——『悟り・救い』について

1 修行者

花の香りが風に逆らって薫ることはない。栴檀《せんだん》であれ、タガラであれ、茉莉《まつり》花《か》であれ、そのことにおいて変わりはない。しかし、善人《よきひと》の香りは風に逆らっても薫る。善人はあらゆる方向に香りを放つ。

——ブッダ（『ダンマパダ』第五〇偈《げ》）

私たちは何かにつけて他人の噂《うわさ》話をする。良いこと、悪いこと、噂話はあらゆることが話題になる。「人の口に戸は閉《た》てられない」と言われるように、噂話はいつか世間に広まり、その人の評判として定着していく。噂の特徴は伝わる方向に定めがないということである。人のいる所ならどこへでも伝わっていく。ここが風に運ばれる花の香との大きな違いである。

善人の美徳という芳香は噂によってあまねく世間に知られるのである。これはすばらしいことだ。しかし逆に考えれば、不徳をなせばそれは悪臭となってあまねく世間に流れるということである。そう思うと、この句は恐ろしい句である。

貪欲《どんよく》な人びとの中にあって、私たちは貪《むさぼ》る心なくこよなく安らかに生きていこう。貪欲な人びとの中にあって、私たちは貪る心なく暮らしていこう。

——ブッダ（『ダンマパダ』第一九九偈）

欲望（貪《とん》）は、怒り（瞋《しん》）や愚かさ（痴《ち》）と共に、もっとも基本的な煩悩《ぼんのう》のひとつとされている。凡夫である限り、私たちは必ずそれを具えている。それは仕方がないことだ。

しかし現代社会は異常である。欲望はもはや自然にあるものではなく、魅力ある商品が提供されることとよって新たに生み出されるものとなった。しかも現代の経済は絶えず拡大していかないともたない仕組みになっているから、企業の経営戦略による新商品の提供速度はますます加速している。

その結果、世の中はますます便利に豊かになっているにも拘《かか》わらず、私たちはいつも欲求不満の状態におかれ、幸せを実感できなくなっている。

時にはこの句を思い出して、日頃の生活をふり返ってみてはどうだろうか。

言葉を慎《つつし》み、心をよく制御し、身体では悪をなさないようにせよ。これら行為の三つの道を清めるならば、聖仙によって説かれた道を得るであろう。

——ブッダ（『ダンマパダ』第二八一偈）

私たちは行為といえば身体的なものばかり思

い浮かべるが、仏教では語ることも心に思うことも行為であると考え、身《しん》・語《ご》・意《い》の三業《さんごう》という言い方をする。これら三つは相互に密接に関係している。

たとえば、粗暴な言葉遣《づか》いをしていると自然に気分も荒くなり、ついつい腕力に訴えることにもなりがちである。だから三業のいずれにおいても注意深く行動する必要がある。「心さえ正しければ」などというのは土台無理なことなのである。穏やかに振る舞い、静かに語ることによって、心もまた和《やわ》らぐのである。

近頃はテレビの影響か過激に語ったり派手に行動してみせる風潮が広がりを見せているが、これはどう考えても心の安らぎに資《し》するものとは思えない。

事が起きたとき、友のいることは安らぎである。あらゆることに満足することは安らぎである。命の尽きるとき、福徳があることは安らぎである。すべての苦しみを除き去ることは安らぎである。

——ブッダ（『ダンマパダ』第三三一偈）

困難なときに親身《しんみ》になって助けてくれてこそ本当の友であるといえるだろう。そのような友のいる人は幸いである。でも、いつもいてくれるとは限らない。だから、どんな辛い状況下にあってもそれを受け容れ、平然と生きられる知《ち》足《そく》の心を養うことが大切である。

が、そのように日々を送れたとしても、死ぬことは恐怖である。死後の運命に備えて、日頃から善行を積んでおく必要がある。

しかし、これらによって得られる安らぎは永遠のものではない。究極の安らぎを得るためには仏道を修行し、悟りを得て輪廻《りんね》の苦しみから脱することを目指さねばならない。

真の安らぎとは何か、そのことを深く私たちに教えてくれる一句である。


愚者であっても、「私は愚者である」と自覚しているなら、彼は賢者である。愚者であるにも拘《かか》わらず、賢者であると思い込んでいる者こそ、愚者であると言われる。

――ブッダ（『ウダーナヴァルガ』第二五章第二二偈）

「学級崩壊」とは、授業が始まっても子供たちが勝手に歩き回ったりお喋りをし、先生の言うことに従わない現象を言う。十年ばかり前から学校教育の現場で表面化してきた問題である。

原因についてはいろいろ推測されているが、一説に、人権意識の高まりにより教師と児童・生徒との関係は対等であるとの認識が広まったせいではないか、とも言われている。自分と対等な存在と思い、なんら権威を認めてもいない者の言うことを、どうして我慢して聞く必要があるかというわけだ。

これでは何も学ぶことはできないだろう。自分を愚者と思いなし、謙虚に他人の言葉に耳を傾けるとき、私たちはあらゆる人から学ぶことができるようになるのである。

身体にまわった蛇の毒を薬で抑えるように、生じた怒りを抑える修行者は、以前からの古び衰えた皮を蛇が脱ぎ捨てるように、この世とかの世をともに捨てる。

――ブッダ（『スッタニパータ』第一偈）

『ダンマパダ』の有名な句に、

「この世において、怨《うら》み返すことによって怨みが鎮《しず》まるなどということは決してない。怨みを持たないことによって鎮まるのである。これは永遠の真理である」

というのがある。

蛇の脱ぎ捨てる古い外皮とは、私たちがとらわれている下《くだ》らない体面のことである。私たちはそれを傷つけられたといって怒り、「決して許さない」と息巻く。しかし、怒りは怒りの連鎖を生み、自他ともに一層の苦しみをもたらすだけなのである。この連鎖を断ち切らなければ、心の平安など得られようはずがない。

恐ろしい毒蛇ではあるが、また脱皮という行為を通じて、私たちにそのような真実を教えてくれるありがたい存在でもあるのである。

その人について他の人びとが賞賛や非難の言葉を語ろうとも、水浴場における柱のように平然と振る舞い、欲望を離れ、諸々の感覚器官をよく静めている、そのような人こそが「聖者」であると賢者たちは教える。

――ブッダ（『スッタニパータ』第二一四偈）

毀誉褒貶《きよほうへん》は世の習い、気にすることなく己が信じる道を行け、などと諭《さと》されても、他人の評判に一喜一憂し、右往左往してしまうのが私たちの現実である。

それは、私たちが行動基準の立て方を間違えているからである。社会的な成功を望んで外に基準を求めるから振り回されるのである。自己の心の安寧《あんねい》を第一として内に基準を求めなければならない。人々が洗うために汚れた身体をこすりつける水浴場の柱のように、どのようなことにも平然と向き合えるよう、自己を修練していくべきである。

利害を離れ、何事にも動じなくなった心の状態を「捨《しゃ》」という。仏の慈悲が無差別平等であるのは、この状態から発するからであろう。

究極の安らぎである涅槃《ねはん》を志向する人は、眠気と、倦怠感と、無気力に打ち勝たなければならない。だらしなく過ごしてはならない。高慢な態度をとってはならない。

――ブッダ（『スッタニパータ』第九四二偈）

困難な問題にぶつかると、とかく私たちは気力が萎《な》えてしまい、疲労感を覚え、ついには眠気さえ催しがちである。そんな時にはよく一休みをして仮眠をとったり、気分転換に別のことをしたりする。すると、往々にして困難に立ち向かう気力が戻ってくるものである。

ところが、仏道修行においてはこのようなやり方は許されないのである。なぜなら、そのような心のあり方を克服することこそが修行の目的となっているからである。のんべんだらりとした生活態度などもってのほかである。真剣に修行に打ち込まねばならない。

しかし、だからといってそのことにおごり高ぶり、他人を見下すようなことがあってもならない。修行はあくまでも厳しいものなのである。

（松田慎也）

2 慈悲

どの方向に心を向けて探しても、自分より愛《いと》しいものは見出されない。そのように、他人にとっても、それぞれの自己は愛しい。だから、自分を愛しむために他人を害してはならない。

──ブッダ（『ウダーナヴァルガ』第五章第一八偈《げ》）

この詩句と同趣旨の話は、『四分律《しぶんりつ》』や『相《そう》応部《おうぶ》経典』などにも記されている。それらによれば、ブッダと同時代のコーサラ国王パセーナディ（波斯匿王《はしのくおう》）とマッリカー妃は、「自分より愛しいものがほかにあるか」と互いに問い合い、「自分より愛しいものはほかにない」と答え合う。

ここで「自分が愛しい」というのは、自分自身に執着して「われあり、わがものあり」というような我執《がしゅう》の意味ではない。それは人間が本来的にもっている人間自身の生命を尊重する意識である。

「他人も自分を愛しいと思っているのだから、他人を傷つけてはならない」というとき、自分の生命も他人の生命も同じ尊さをもつのであるから、人の生命を奪うな、と言っているのである。

人はすべて暴力におびえる。すべての者にとって生命は愛しい。わが身にひきあてて殺してはならない。殺させてはならない。

――ブッダ（『ダンマパダ』第一三〇偈）

パセーナディ王とマッリカー妃の対話で語られているように、人が「自分より愛しいものはない」という思いをもって生きていることは今でも変わりはない。それだからこそ、同じ思いをもって生きている他人を、いかなる理由があろうとも傷つけ、殺してはならない。自分の生命も他人の生命も同じ尊さをもっているのであるから、どのような場合であっても、人の生命を奪ってはならない――。

仏教の不殺生戒《ふせっしょうかい》の根拠は、このような生命尊重の思想である。とくに仏教の不殺生戒は、「私は殺さない。他人に殺させない。他人が殺すのを認めない」というように、自分自身の決意を述べるところに特色がある。だれかに命じられて殺さないというのではなく、自分自身の生命尊重の思想による行為なのである。

強くあるいは弱い生き物に対して暴力を加えることなく、殺さず、また殺させることのない人、かれを私は婆羅門《バラモン》とよぶ。

――ブッダ（『スッタニパータ』第六二九偈）

「不殺生（アヒンサー）は最高の真理（ダルマ）である」（『マハーバーラタ』1・11・12）と言われるように、不殺生・非暴力はインドでは古来から最高の真理とされてきた。とくに仏教では「怨《うら》みに報いるに怨みを以《もっ》てしたならば、ついに怨みの息《や》むことはない。怨みをすててこそ息む」（『ダンマパダ』）として、徹底した非暴力の立場をつらぬいてきた。

古代では武力を放棄したマウリヤ王朝のアショーカ王、現代では非暴力でイギリスからの独立を勝ちとったガンディー、アメリカの黒人公民権獲得運動のリーダー、キング牧師などに、その非暴力の心はひきつがれた。

今、ミャンマーにおいて軍事政権の暴力に対して素手で立ち向かっている僧たちの心にも、非暴力の心は生きている。

生きとし生けるもののすべてが安楽で、平穏で、幸福でありますように。いかなる生命、生物でも、動物であれ、植物であれ、長いものも、大きなものも、中くらいなものも、短いものも、微細なものも、少し大きなものも、また今ここにいて目に見えるものも、見えないものも、遠くにいるものも、近くにいるものも、すでに生まれたものも、これから生まれるものも、一切の生きとし生けるものが幸福でありますように。

――ブッダ（『スッタニパータ』第一四五～一四七偈）

慈悲と言ううち、慈は他のものに安楽を与えること、悲は他のものの苦悩を除くことである。

　慈も悲もそれぞれの原意「友情・友愛」、「同情・共感」が示すように、苦悩する人々を上から救い上げるのではなく、同じ立場に立って同情・共感して共に苦悩を克服しようとするのである。

　それは、近くは自分の家族、遠くはアフリカの人々にも向けられる「世界中の人々が幸福であるように」との願いでもある。（菅沼　晃）

3 無我と縁起

これがあるから、かれがあり、これが生まれることで、かれが生まれる。これがなければ、かれがなく、これが滅びることで、かれが滅びる。

――ブッダ（『相応部経典』Ⅱ）

ブッダはブッダガヤーの菩提樹の下で、「十二縁起《じゅうにえんぎ》を順逆に観じて悟りを開いた」と言われる。

縁起とは因縁生起《いんねんしょうき》の略で、この世のあらゆるものは直接的な原因（因《いん》）と間接的な原因（縁《えん》、条件）によって成り立っていること、あるいは因と縁によって成り立っているという真理を言う。

さまざまな現象を、

「これがあるから、かれがあり、これがなければ、かれがない」

というように、空間的・論理的な相依相関の関係、あるいは、

「これが生まれることで、かれが生まれる。これが滅びることで、かれが滅びる」

というように時間的な原因と結果の関係で見る

ブッダが悟りを得た地、インド・ブッダガヤーの菩提樹

考え方である。

ブッダは菩提樹《ぼだいじゅ》下で縁起の理法を観察して、現実の苦悩が縁《よ》って生ずる根本原因をつきとめ、この苦悩を滅ぼす道のあることを悟ったのである。

色《しき》（受想行識《じゅそうぎょうしき》）は無常である。無常のものは苦である。苦なるものは無我である。無我であるものは「私のもの」ではない。「私」でもない。「私の本質」でもない。正しい智慧をもって、この道理を如実に観察しなくてはならない。

——ブッダ（『相応部経典』XXII・二・四）

この世のすべてのものは、縁起の存在、すなわちさまざまな原因と条件によって成立している。

言いかえれば、そのもの（現象）だけで存立しているものは何一つなく、すべて他との依存関係において現象しているのである。

したがって、この世にあるものは条件が少しでも変われば、変化せざるを得ず、永遠不変のものは何一つなく、無常の存在である。

私たちの存在も例外ではなく、生まれたものは必ず老い、病み、やがて死に至る。いつまでも生きていたいと願う私たちにとって、これは苦にほかならない。

このような無常の存在である私に、不変の私という本質があるはずもなく、まして「私のもの」があるわけもない、とブッダは言っているのである。

ブッダ苦行像（パキスタン・ラホール博物館蔵）

見よ、神々ならびに世の人々は無我なるものを我と思いなし、名称と形態に執着している。「これこそ真理である」と考えている。

――ブッダ（『スッタニパータ』第七五六偈《げ》）

「無我」は、「我（アートマン）」に対する否定であるが、「非我《ひが》」と訳されることもあるように、

①我がないこと
②我ではないこと

という二つの意味に解釈されている。

古い経典（『スッタニパータ』など）では、無我は私たちの執着の心、とくに自分自身に対する執着（我執《がしゅう》）、すなわち、私たちの「我れあり」とする自我意識の否定を意味している。

また、我（自我）について、

「私のもの」

「私」

「私の自我」

の三つに分け、すべてのものについて「これは私のものではない」「これは私ではない」「これは私の自我ではない」と説く経典もある。

何ものも「自分のもの」ではない、と知るのが知恵であり、苦しみからはなれ、清らかになる道である。

——ブッダ（『ダンマパダ』第二七九偈）

無我とは「我がないこと」「我ではないこと」を意味するとともに、「我がもの」という人間の執着心の否定を意味している。

とくに『スッタニパータ』などの古い経典では、人間の執着心、とくに私たちの自分自身にたいする執着心（我執《がしゅう》）を捨てることが、心の安泰に導く第一の要件であることが強調され、無我の教えはブッダの教説の核心であることがわかる。

私たちの場合、「我執をすてる」とは、自我の意識に縛られないで考え、生活することであり、こだわらない生き方、とらわれない生き方をすることである。

苦悩の根源をつきつめていくと、自我への執着に突き当たり、その執着する自我をはなれて束縛より解放され、私たちは真の意味での自由の境地となる、そのとき本当の自己が確立される、と言ってよいであろう。

（菅沼　晃）

4 悟り

「〈苦しみという真理〉はこれである」とて、未《いま》だかつて聞いたことのない法に関して、私に眼が生じ、知識が生じ、智慧が生じ、明知が生じ、光明が生じた。

——ブッダ（『大品《だいぼん》』Ⅰ）

ブッダは、なぜ、シャカ族の王子の位や妻子をすてて出家したのか。これは仏教の出発点を示す重要なテーマである。

経典によれば、ブッダは青春時代から、人は生まれた以上必ず老い、病み、ついには死ななければならないという事実に心を悩ませていた。この苦悩の原因をつきとめ、何とかしてこれを克服したいという強い欲求が、ブッダに出家を決意させたのである。

そして、六年に及ぶ修行の結果、若いブッダの心をいっぱいにしていた苦悩の根源が、無《む》明《みょう》とよばれる人間存在そのものにたいする執着の心（根本煩悩《こんぽんぼんのう》）であることがつきとめられ、苦悩を超克する道が明らかになったのである。

ブッダはその心境を「私に眼が生じ、光明が生じた」と表明したのである。

家屋を作るものよ、私はついに汝《なんじ》を見つけ出した。汝は再び家屋を作ることはないであろう。汝の梁《はり》はすべて折られ、家の屋根はこわされてしまった。私の心は意識を生ずるはたらき（行《ぎょう》）を離れ、妄執（渇愛《かつあい》）を滅しつくしている。

――ブッダ（『ダンマパダ』第一五三偈《げ》）

これは、ブッダが苦悩の原因をつきとめ、苦悩を克服する完全な智慧を得たときに、その心境を最初に表明した詩句である。

「家屋」とは個体としての人間、「作るもの」とは「大工《だいく》」の意味で、人間をつき動かしている迷いの根源である根本的な執着（妄執《もうしゅう》、おのれ自身に対する鞏固《きょうこ》な執着）を表わしている。

長い間私という個体をつき動かし、苦悩を与えているものの正体を探し求めてきたが、今、それが妄執だとわかった。正体をつきとめた以上、それは私を迷いの行動にかり立てることはない。私の心はカラリとした状態となった、とブッダはうたっているのである。

（菅沼　晃）

5 真実を説く

困苦して私がさとり得たことを、今またどうして説くことができようか。貪《むさぼ》りと瞋《いか》りに悩まされた人々が、この真理をさとることは容易でない。これは世の流れに逆らい、微妙であり、深遠で見がたく、微細であるから、欲と貪りの暗黒に覆《おお》われた人々は見ることができないのだ。

——ブッダ（『大品《だいぼん》』Ⅰ）

菩提樹下《ぼだいじゅか》において無上の覚《さと》りを得たブッダは、しばらくその獲得した覚りを自分自身で味わっていた。それから、ブッダの心は教えを世に広めないことに傾いたと伝えられている。

その理由がここに説かれているのである。「私が苦労してさとり得たところの縁起の理法は、難解でとても世の人に理解されるように思われない」という考えがここに表明されている。しかし、梵天《ぼんてん》の勧請《かんじょう》のおかげで仏教は世に広まることになる。

なかには原始仏教の教説を、大乗仏教の難解な教説と比較してわかりやすくて簡単と思っている方もおられるかもしれない。しかし、長年ブッダの侍者《じしゃ》であった阿難《あなん》も「縁起は深遠といわれますが、私には明瞭なものに思われます」と述べて、「そのように言ってはならない」とブッダにしかられている。けっして仏教をあなどってはならないのである。

ブッダ説法像
（パキスタン・ラホール博物館蔵）

私は教えるであろう。私は法を説くであろう。汝《なんじ》らは教えられたとおりに行うならば、久しからずして、良家の子らが正しく家から出て出家行者となった目的である無上の清浄行《しょうじょうぎょう》の究極を、この世においてみずから知り証《あか》し体現するに至るであろう。

――ブッダ（『中部経典』Ⅰ）

ブッダは梵天の勧請によって説法を決心された後、かつての五人の修行仲間を最初の説法（初転法輪《しょてんぽうりん》）の相手に選ばれるが、彼らは、苦行を放棄されたブッダのことを堕落して贅沢《ぜいたく》になったと思い込んでおり、説法を聞こうとしなかった。

そこでブッダは自身が覚者であることを宣言され、この言葉をもって説法を聞くように説得を試みられたのである。

「この世においてみずから知り証し体現する」という言葉には仏教の重要な特質が明かされている。

「あなたはこのようにすれば神の国に入るでしょう」といった最終的にも真偽のほどが確認できない約束が教義の中心になっている宗教とは異なり、また「葬式仏教」と批判されるあり方とも異なって、死んでからではなく「この世において」「久しからずして」「みずから」最終目的である涅槃《ねはん》を実地に体験できることが強調されている。

（岩井昌悟）

6 安らぎ

勝利は怨《うら》みをひき起こす。敗れた人は苦しんで寝る。安らいでいる人は、勝ち敗けを捨てて〔執《と》らわれず〕、おだやかに寝る。

——ブッダ（『ダンマパダ』第二〇一偈《げ》）

昨今は、勝ち組とか負け組という言い方が流行している。多くの人々が勝ち組になりたいと願い、負け組になりたくないと思っている。

しかし、だれかが勝てば、だれかは負けるのである。負けた者には怨みが生じ、悩み苦しんで、夜もなかなか寝られなくなる。勝った者にしても、いつ自分が負けるか心配で、やはり安心して寝られないだろう。

ところが、勝ち組、負け組など関係ないよ、と心の底から考える人は、勝ち負けにまつわる苦しみや怨みが生じない。したがって、夜も安心して寝られるというわけである。

スポーツの世界では、勝負を超越した対戦がさわやかな感動を呼ぶことがよくある。勝っても負けても、そこに己《おの》れの力のすべてを出しきる選手のすがすがしい姿に、見ている人は心を動かされるのである。

「もろもろの自己形成力は無常である」と智慧《ちえ》によって見るとき、人は苦しみを厭《いと》い離れる。これが清らかになるための道である。

――ブッダ（『ダンマパダ』第二七七偈）

自己形成力というのは、変わらない自己、自己中心的にしか見られない自己、バラバラで孤立した自己を形成する力を指す。

私たちは生まれてからずっと言葉を使い、自分を含めてあらゆるものがバラバラに存在しているかのようなものの見方を作ってきた。また、成長にともなって、他者と分離された自己を形成してきた。それこそが苦しみを生じる原因となっているのである。

自己形成力が無常であれば、それによって形成される自己なるものも無常であり、変わらない自己というものが誤った見方から生じたものであるということがわかる。自分の苦しみがそこに由来することがわかれば、また自分で作りだしていることがわかれば、苦しみを解決する道も明らかになる。その道を堅実に歩んでいけばよいのである。

正しい智慧によって解脱《げだつ》して、安らいでいる、そのような人の心は安らかである。言葉も行いも安らかである。

――ブッダ（『ダンマパダ』第九六偈）

私たちの一般的な常識からみて、いわゆる善いことも、自己中心性が克服されていなければ、私たちに安らぎをもたらすものとはならない。その証拠に、だれもが認めてくれるだろうと思った善い行いが、思いがけず他者から非難されたときに、思わず怒ってしまったという経験はないだろうか。

またたとえば、平和運動にたずさわっている人たちが、別の平和運動にたずさわっている人たちと、ちょっとした相違で争いになるようなものである。自分自身の心の平和はどうなっているのだろうか。内側の平和と外側の平和は、並行してすすめていくべきものである。

自己中心性を克服して智慧を得た人は、苦しみから解放され、安らぎを得ている。そのような人の心は安らかであり、ことばも行いも安らかなのは当然であろう。

地上における唯一の〔絶対的な〕**王位よりも、あるいは天界におもむくよりも、全世界を支配するよりも、**〔聖者の〕**流れに到達するほうがすぐれている。**

――ブッダ（『ダンマパダ』第一七八偈）

自己中心性を根本におく世界では、どこまでいっても心の奥底からの安心を得ることはできない、ということである。

天界に生まれ変わることは、輪廻転生《りんねてんしょう》を信じる人にとってはたいへん好ましいことである。多くの人が、善いことをして天界に生まれ変わりたいと、現世で努力している。それは人々の倫理観や道徳観を形成するための大きな動機づけにもなっている。

しかし、仏教で究極的に求めているのは、それ以上のことである。なぜならば、たとえ天界に生まれ変わったとしても、そこでもいつかは死んで、また生まれ変わらなければならないと考えるからである。それでは、本当の安心は得られない。〔聖者の〕流れに到達して、ようやく安らぎが得られる道に入ることができるのである。

健康は最高の利得であり、満足は最高の財産であり、信頼は最高の親族であり、ニルヴァーナ（涅槃《ねはん》）は最高の安楽である。

——ブッダ（『ダンマパダ』第二〇四偈）

私たちの人生で、得られにくいものが羅列されている。

健康とは病いがないことであるが、どこからどこまでが病いで、どこからどこまでが健康かという境は明白ではない。それで、みなどこか悪いところをもっていて、健康ではないと感じがちである。満足とは欲求が満たされることであるが、あることに満足できたとしても、すぐに満足できないことが生じてきて、満足は私たちのもとをすり抜けていってしまう。つねに満足できないのが、私たちの有り様である。信頼については、自分自身を信頼することも、他者を信頼し他者から信頼されることもむずかしいことである。

最も困難なものがニルヴァーナだろう。逆からみると、人々が望んでいるものが、利得、財産、親族、安楽などであることがわかる。

智慧のない者には瞑想《めいそう》なく、瞑想のない者に智慧はない。瞑想と智慧がそなわっている者は、ニルヴァーナの近くにいる。

――ブッダ（『ダンマパダ』第三七二偈）

自己中心性は、私たちがふつうに育っていけば、おのずと作られていくものである。

自己中心性を超える智慧を得るためには方法が必要である。いくつか方法があるなかで、ブッダが主要な方法として採用したのが瞑想である。わが国では、おもに禅宗の流れのなかに伝えられている。この方法を実践すればだれでも智慧がそなわるかというと、人によってその成果は異なるというのが実情であるが、実践しない人は例外なく智慧はそなわらない。

瞑想によって得られる智慧は、一回の体験ですべてが解決するというような類《たぐい》の智慧ではない。それほど単純な話ではないのである。体験をくり返すことにより、自己中心性が克服されていき、ニルヴァーナ＝安らぎが得られていく。近くにいるというのは、そういう意味である。

〔他者に〕**親切な生活をいとなみ、わきまえて行動しなさい。そうすれば、喜びにあふれ、苦しみを終わらせることができるであろう。**

――ブッダ（『ダンマパダ』第三七六偈）

自己中心性を克服するための方法として瞑想

があるが、実際には、たとえ瞑想を実践しても、私たちの心の奥底に形成された自己中心性は容易に克服できるものではない。また瞑想をしていれば、それで万事が解決するというものでもない。

ここでは、瞑想によって得られた智慧を、通常の生活においてどのように生かせばよいのか、ということが説かれている。

自分独りでは生きていないことを理解し、他者も自分と同じだという心をもって接するとき、どのような行動がふさわしいのかということがわかる。瞑想とあわせて、かなり飛躍はあるが、しだいに自己中心性を克服し、これまで苦しみと思っていたものが苦しみと思えなくなり、そういう意味で苦しみがなくなっていくのである。

年老いても戒《かい》を保っていることは楽しい。信《しん》が確立されていることは楽しい。智慧を得ていることは楽しい。もろもろの悪をなさないことは楽しい。

――ブッダ（『ダンマパダ』第三三三偈）

戒を保つというのは、義務として規則を守るという意味ではなく、仏教の究極としての安らぎを得るために、通常の生活を整えていくということである。

修行の準備段階あるいは基本的な有り様としての生活の落ち着きというものである。いらいらしたり、怒っていたり、悪いことをしたりしていては、安らぎの方向に向かおうとする態勢にならないからである。

信というのも、いわゆる何かを信仰するというう意味ではなく、この方向で正しいのだという確信である。それはだれかに教わるのではなく、自分でおのずと理解されるものである。安らぎに近づいているということがわかるからである。

楽しいというのは、生活が充実し、内側から元気が出て、思わず微笑んでしまうような状態のことなのである。

（羽矢辰夫）

7 とらわれない心

〔自分の〕**見解にしがみつき、「これだけが真理である」と言い争う者たちは、すべて**〔他者からの〕**非難を招く。また、ときには賞賛を受けることもある。**

――ブッダ（『スッタニパータ』第八九五偈《げ》）

ブッダの時代は、伝統的で因習的なバラモン教中心の世界観がくずれはじめ、新しい世界観がさまざまに模索された時代である。

新しい真理を求める思想家が数多く現われ、それぞれが「自分が主張する見解だけが真理であり、その他の見解は虚偽である」と、論争ないし、言い争いをしていた。

すべての人が「自分だけが正しい」と主張すれば、必然的にだれでもみな、自分以外のすべての他者から非難を受けることになる。

ときには賞賛を受けることもあるかもしれないが、ブッダの目的は、人々の賞賛を得ることではなかった。ましてや非難を受けることでもない。

生死にまつわる苦しみを解決し、安らぎを得ることこそが目指されるべきであると、ブッダは考えていたのである。

「あるものに執《と》らわれて、それ以外のものを劣っているとみなすのはこだわりである」と善き人々はいう。それゆえ、出家修行者は、見たこと、聞いたこと、考えたこと、誓いや戒めに執らわれてはならない。

――ブッダ（『スッタニパータ』第七九八偈）

この教えには矛盾があるように思われる。「見たこと、聞いたこと……に執らわれてはならない」と聞いた出家修行者は、まさにその聞いたことに執らわれないようにしなければならない。

それではいったい、どうすればよいのだろうか。

ここで言われる執らわれとは、自分だけが正しい、優れていると思っている、自己中心的な自己を根拠とする執らわれである。私たちには、きわめて馴染《なじ》みの深いものである。この観点からものごとを判断すると、自分以外のあら

ブッダ像
（インド・マトゥラー博物館蔵）

ゆるものを正しくない、劣っているとみなしてしまう。

このような自己中心的な自己に由来する執らわれを離れ、優劣のこだわりを克服しなさいと言っているのである。


想いを離れた人にはこだわりがない。智慧によって解脱した人には迷いがない。想いと見解に固執する人々は、世間のあちこちで衝突しながらめぐり歩く。

――ブッダ（『スッタニパータ』第八四七偈）

想いとは言葉のことである。言葉によって見解が作られる。

私たちは自己を絶対的に正しいと妄想し、それを根拠として作られる想いや見解を絶対的に正しいと考えるから、他者が正しいとは認めることがなかなかできない。

同じように、他者も自分のことを絶対的に正しいと妄想しているから、私たちが正しいとは認めてくれない。

私たちは、いたるところで言い争いにまきこまれ、あるいは好んで作りだしては、「だれも自分を認めてくれない」とつねに不満を抱きながら生きている。

ブッダはここで、そのような生き方でいいのですか、と問いかけている。言葉の虚構性に気づき、自己中心性を克服して智慧を得た者は、執らわれのない心をもって生きていけるのである。

つねによく気をつけ、〔変わらない〕**自己を根拠とする見解をしりぞけて、世界を空《くう》として見なさい。そうすれば、死を超えることができるであろう。このように世界を見る人を、死王は見ないのである。**

――ブッダ（『スッタニパータ』第一一一九偈）

「世界を空として見なさい」という表現が用いられている。ブッダの時代の仏教では「空」という言葉はあまり使われない。意味としても、大乗仏教の「無我」と同義に解釈されるような、「それだけで永遠に存在する実体などはない」という意味では用いられない。

ここでは、「はかない」「むなしい」という意味で用いられている。「自分を含めて、世界のなかで変わらないものはない」ということをよく理解しなさいといっているのである。

とくに私たちは、自分は変わらない、死なない、と心の奥底で盲信している。その錯覚ないし執らわれに死神がつけいり、私たちの死への恐怖が生まれてくるからである。

マーガンディヤよ、私には「これを説く」というものがない。私はあらゆるものごとに執着があることに気づき、もろもろの見解に〔それぞれのこだわりを〕**見て、執着せず、またよく観察しつつ、内なる安らぎを見た。**

――ブッダ（『スッタニパータ』第八三七偈）

「これを説く」というものがない思想家がか

っていただろうか。私たちは、ブッダがなぜこのように発言したのか、というその意図を読むべきであろう。おそらく、自分が主張する見解が絶対的な真理であるとは言わない、という意味である。

そこには、自分を含めてあらゆる人が、(変わらない)自己を根拠とする見解をもっており、それに絶対的にこだわっているかぎりは、言い争いはやまず、ときおり賞賛や非難が得られるだけで、結果として心の安らぎは得られない、という洞察がある。

執らわれている、という自分の心の内実をよく観察しながら、安らぎが得られる方へすすんでいくのである。

(羽矢辰夫)

第四章

大乗仏典の名言

1 真実と安らぎ

人は世間愛欲《せけんあいよく》の中に在《あ》りて、独《ひと》り生《しょう》じ、独り死《し》し、独り去《さ》り、独り来《き》たる。

（『無量寿経《むりょうじゅきょう》』）

曹魏康僧鎧《こうそうがい》訳『無量寿経』巻下の経文に、表掲の一文に続けて、さらに、

「行《おこ》ないを当《お》いて苦楽の地に至り趣《おもむ》く。身自《みずか》ら之《これ》を当《う》く。代わる者有ること無し」

と説かれる。

——人はこの世間の愛欲の中で、ひとりで生まれ、ひとりで死に、ひとりで去り、ひとりで来たるのである。その人のおこなうままに人生の苦しみや楽しみを得て、その人自身が報いを受けて、だれも代わることができないと教えている。

格言ことわざの方では、単に「独生独死独去独来」の言い方で、いささか禅語めいて古くから知られている。

まことに人間というものは、生き死にのことをはじめ、なにをするにもたった一人、所詮、人間は孤独、人生は孤寂なものである。

（勝崎裕彦）

倶会一処《くえいっしょ》

（『阿弥陀経《あみだきょう》』）

鳩摩羅什《くまらじゅう》の名訳による『阿弥陀経』の、諸家の色紙などでもおなじみの金句である。

倶《とも》に一処《いっしょ》に会《え》する――極楽浄土に往生して、すぐれたよき人々とともにひとところに集い合うことは、どんなにかすばらしいことであろう。

たしかに、

「其《そ》の国の衆生《しゅじょう》、衆《もろ》もろの苦あることなく、但《た》だ諸《もろ》もろの楽《らく》のみを受く。故に極楽と名づく」

と説かれる西方浄土であるから当然のことであるが、私たちもまたこの世にあって、よき人々と親しみを分かち合い、仲むつまじい集まりの場を持ちたい。いや、まわりの多くの人々とともに、仲のよい、楽しい出合いと集いの時を作るべく努力したい。

浄土教では、「南無阿弥陀仏」の称名《しょうみょう》念仏によって実現されると説く。

（勝崎裕彦）

諸行無常《しょぎょうむじょう》

（『大般涅槃経《だいはつねはんぎょう》』ほか）

「諸行無常」は「諸法無我《しょほうむが》」「涅槃寂静《ねはんじゃくじょう》」とともに三法印《さんぼういん》と称され、仏教が掲げた旗印の一つである。

『大般涅槃経』において諸行無常という言葉は、

「諸行は無常にしてこれ生滅《しょうめつ》の法なり、生滅し滅し已《おわ》りて寂滅を楽となす」の最初の部分で、この偈頌《げじゅ》全体は雪山偈《せっせんげ》あるいは諸行無常偈といわれている。

意味は「一切の現象は無常であり、移りゆき生滅を繰りかえす苦の世界である。釈尊はその生滅の苦の何たるかを見極め解脱《げだつ》し、涅槃の楽を得た」、ということである。

なお、

「色は匂へど散りぬるを、我が世たれぞ常ならむ、有為《うい》の奥山けふ超えて、浅き夢みじ酔ひもせず」

のいろは歌は、この四句の偈を詠じたものといわれている。

（小峰彌彦）

一切衆生悉《いっさいしゅじょうしつ》有《う》仏《ぶっ》性《しょう》

（『大般涅槃経』）

衆生とは生きとし生けるものの意であるが、特には人間を指す。悉有とは、すべてに亘《わた》り存在するもの、普遍的に有るもの、といった意味である。仏性は如来蔵《にょらいぞう》や覚性とも漢訳され、仏性とは「仏としての本質」、如来蔵は「如来の胎児」という意味を示している。

この言葉は『大般涅槃経』の「一切衆生悉有仏性　如来常住無有変易《へんやく》」にあり、この「あらゆる人々はすべて仏陀たるものであり、如来は常住にして変易することと有ることとなし」との教えは大乗仏教の根本的な理念となった。

しかし仏性が人間に備わっていることの容認は、同時にそれを顕現させるための努力も要求することである。

（小峰彌彦）

心《しん》はたくみなる画師《えし》のごとし。

（『華厳経《けごんぎょう》』）

仏駄跋陀羅《ぶっだばつだら》訳『華厳経』巻十にある、

「心《しん》は工《たくみ》なる画師の如く、種種の五陰《ごおん》を画《えが》く」

という経文による。

心というものはあたかも名人上手の画家のようなもので、さまざまな身体の動きや精神のありさまを見事に表現してみせるものである。実際、この世界に存在するありとあらゆるすべてのものは、心によって造り出されるものである、というのが『華厳経』の教えである。

経文はさらに、

「心の如く仏も亦《ま》た爾《しか》り、仏の如く衆生も然《しか》り」

と教説して、心と仏と衆生の三つのものはまったく異なるものではないという。生きとし生けるすべてのものが心によってあり、心によって描き出されて存在し、その心のように仏もある。

（勝崎裕彦）

一即一切《いちそくいっさい》　一切即一《いっさいそくいち》

（『華厳経』）

『華厳経』の思想の核心とは、「一即多、多即一」の教説である。

いわゆる一塵《いちじん》、一念の中に、一切すべてのものが含まれて、摂《おさ》められている。一と多がお互いに相即している、融通《ゆうづう》し合っているというのである。表掲のごとく、「一即一切」とか「一切即一」といってもよい。一があってこそ、一切・多があり、一切・多があってこそ一が考えられるという華厳縁起思想であり、「相即相《そうそくそう》入《にゅう》」「融通無礙《ゆうづうむげ》」の世界観である。

この句は、元来は唐法蔵《ほうぞう》述『華厳五教章《けごんごきょうしょう》』の「一即十」という表現から生まれたものとされているが、仏駄跋陀羅《ぶっだばつだら》訳『華厳経』では、たとえば、

「一能《よ》く無量と為《な》り、無量能く一と為る」（巻五）

などと説かれている。

（勝崎裕彦）

三界《さんがい》は虚妄《こもう》にして、ただ是《こ》れ一心《いっしん》の作《さ》なり。

（『華厳経』）

仏駄跋陀羅訳『華厳経』巻二十五の一句。

この世界、この世の中のものはすべて仮《かり》の姿、いつわりのものであり、ただ一心、この一つの心が造りなしたものである、という意味である。

三界とは、欲界《よくかい》（欲望の支配する煩悩の世界）・色界《しきかい》（清浄なる物質の世界）・無色界《むしきかい》（物質の存在しない精神の世界）の三つの世界のことで、生きとし生けるものが生死輪廻《しょうじりんね》する迷いの世界の総称である。

その現実世界、現象世界のすべてを真実でない、仮のものと受けとめて、ただただ、思い煩い、悩み苦しむ凡夫《ぼんぷ》衆生の心の造作、心の反映ということに帰着せしめるのが『華厳経』の考え方である。

三界の大千世界が一心のなしわざの中にこそあるという。

（勝崎裕彦）

三界火宅《さんがいかたく》

（『法華経《ほけきょう》』）

鳩摩羅什《くまらじゅう》訳『妙法蓮華経』（＝『法華経』）譬《ひ》喩品偈《ゆほんげ》に、

「三界は安きこと無く、猶《な》お火宅の如し。衆《もろ》もろの苦しみ充満せり」

とあり、「三界の火宅」が説かれる。

「三界火宅」「三界無安」は、この世の中は悩み苦しみが多く、しばしも心が休まらず、安楽がないことをいう。ことわざには、「三界の火宅、四衢《しく》の露地《ろじ》」という言い習わしもある。四衢は四つ辻、露地は三界の外の安楽な境地のことである。煩悩・苦悩の絶えない俗界と、そこを離れた安楽・静寂な境界《きょうがい》を、三と四の数を重ねて語呂を合わせたのである。

この教えは、羊・鹿・牛の三車によって三乗をたとえ、大白牛車《だいびゃくごしゃ》によって仏乗を開示する「三車火宅の譬喩」「三車一車の譬喩」に由来する。

（勝崎裕彦）

今この三界《さんがい》は皆、これ、わが有《う》なり。その中の衆生は悉《ことごと》くこれ吾《わ》が子なり。

（『法華経』）

『妙法蓮華経』譬喩品偈《ひゆほんげ》の有名な一節。

「今、この世の中はみなすべて私（＝仏陀釈尊）の所有するもので、その中の生きとし生けるものはことごとく私の子である」

という。この言葉は、衆生を守護する主徳及び衆生を慈愛する親徳とされ、さらに続く偈文に、

「唯《ただ》我れ一人のみ能《よ》く救護《くご》を為《な》す」

とあるのが衆生を教導する師徳を表わし、仏陀釈尊の三徳として理解する。

ただ私一人だけが一切衆生を救い護ることができるという師徳の強い宣言も印象的であるが、悩み苦しみ、思い煩《わずら》う凡夫衆生をひとしく自分の子として慈悲の心に摂《おさ》め取り、温かくやさしく包み込む父のごとき仏がありがたい。

（勝崎裕彦）

色即是空《しきそくぜくう》　空即是色《くうそくぜしき》

（『般若心経《はんにゃしんぎょう》』）

「色は即ち空であり、空は即ち色である」とは、『般若心経』を代表する文言である。

色とは物質をいうが、単に眼で見る対象である色と形だけを指すのではなく、耳・鼻・舌・身の対象である音響・香り・味・触覚までも含んだ存在をいう。私たちの身体も、すべてこれらの要素が複雑に関係し、しかも変化しつつ成り立っているのである。従って、そこには自分がという固定的な我などは存在しえないのである。

色は絶えず変化し固定的実体がない、と認識することが空《くう》である。しかしその空も、私たちが存在するからこそ、空の本質を知ることができるのである。それが「色即是空　空即是色」の世界である。

（小峰彌彦）

仏《ほとけ》はひとり我《わ》がために法を説きたもう。余人《よにん》のためにはあらず。

（『大品《だいぼん》般若経』）

鳩摩羅什《くまらじゅう》訳『大品般若経』序品の一文である。

仏はただ私一人のためにありがたき教えを説き示し給う、それはまったくほかの人々のためではない――、そのように心から信じて受けとめるのである。私一人だけのための尊い教えを、仏が親しくやさしく垂《た》れ給うのである。

経文には、その時、三千大千国土及び十方の衆生がおのおのみずからそのように念ずると説かれている。数かぎりなき大勢の人々が、それぞれ私一人だけのためにと自覚して仏を思い念ずるのである。

龍樹《りゅうじゅ》（一五〇～二五〇頃）の『大智度論』の解釈には、おのおのの人々が仏にまみえて説法を受けて、心も清らかに信じ喜ぶとある。信念をもって、しっかりと仏法を受けとめる姿勢を強調するものである。

（勝崎裕彦）

応無所住而生其心《おうむしょじゅうにしょうごしん》

（『金剛《こんごう》般若経』）

鳩摩羅什《くまらじゅう》訳『金剛般若経』の有名な一句。

「応《まさ》に住する所《ところ》無くして其《そ》の心《こころ》を生ずべし」とは、とらわれることなくして、そのとらわれない心を起こしなさい、という意味である。とらわれない心を起こしなさいとは、とらわれの心を起こしてはならないということである。

「所住」は執着すること、とらわれることと理解して、無所住とは無所著・無執着のことである。

『金剛般若経』では、空《くう》（シューニャ）の語が一度も使われていないというが、この名言もまた空の教えに基づいた表現である。

とらわれない心、こだわらない心、かたよらない心——むずかしいことではあるが、そうした心を起こすことが空思想の実践ということであろうか。

（勝崎裕彦）

2

菩薩的生き方

衆生《しゅじょう》病《や》むが故《ゆえ》に我《われ》病《や》む。

（『維摩経《ゆいまきょう》』）

釈尊の命により、文殊《もんじゅ》菩薩は維摩居士《ゆいまこじ》の病気見舞いのため居士宅を訪れた。

そのとき、文殊菩薩は維摩居士に病気の原因を尋ねるのであるが、その問いに対し維摩居士は、

「癡《ち》と有愛《うあい》によって病気が生ずるのである」

と答え、さらに、

「私の病気は、一切衆生《いっさいしゅじょう》がこれらによって病んでいることに起因する。もし一切衆生の病が滅すれば、私の病も治癒するのである」

という。癡とは真実が分からない無知のことであり、有愛は貪《むさぼ》り執着する心である。

維摩居士

大乗仏教の教えを実践する菩薩の精神は、人の痛みを自分の痛みとして受け止めることにある。それ故、維摩居士の病は、癡と有愛に溺れ

る衆生を救済することで癒されるのである。

（小峰彌彦）

直心《じきしん》是《こ》れ道場《どうじょう》なり。（『維摩経』）

鳩摩羅什《くまらじゅう》訳『維摩詰所説経《ゆいまきつしょせつきょう》』（＝『維摩経』）菩薩品《ぼさつぼん》の一句。

清らかな素直な心が道場である、という。経文は続けて「虚仮《こけ》無きが故に」——いつわりがないから、と理由づける。

いわゆる維摩居士《こじ》の病気見舞いに、弥勒《みろく》菩薩に断わられた仏は、次に光厳童子《こうごんどうじ》を指名する。しかし童子もまた辞退するのだが、その理由は、かつて維摩に問いたずねた菩提《ぼだい》道場に関することであった。

童子は、道場といえば釈尊成道《じょうどう》の菩提樹下の菩提座を思ったが、維摩の答えるところでは、あらゆる修行の事柄がすべて道場であるという。

光厳童子の固定観念を見事に打ち破った維摩の冒頭の一句が、正直な、素直な心こそ覚《さと》りを開く道場であるというものであった。直心は、まさしく菩提心である。

（勝崎裕彦）

不惜身命《ふしゃくしんみょう》（『法華経《ほけきょう》』ほか）

仏道実修のためには、菩薩道実践のためには、あえてみずからの身命を顧《かえり》みないという強い姿勢である。大乗菩薩精神の基底における修行実践のひたむきで、ひたすらなあり方である。身を捨て切って、命までも惜しまない、その一途なありようは大乗菩薩の感動的な物語として伝えられている。

「不惜身命」の典拠は『妙法蓮華経』（＝『法華経』）譬喩品《ひゆほん》や勧持品《かんじほん》にあり、『法華経』の教えの中で人口に膾炙《かいしゃ》したが、漢訳語の初出としては後漢支婁迦讖《しるかせん》訳『道行《どうぎょう》般若経』阿惟越致《あゆいおっち》品《ほん》である。

『妙法蓮華経』如来寿量品《にょらいじゅりょうほん》には、「一心に仏を見たてまつらんと欲して、自《みずか》ら身命を惜しまず」とあり、久遠本仏《くおんほんぶつ》を礼するために身命を捨てるような覚悟を強調している。（勝崎裕彦）

我昔所造諸悪業《がしゃくしょぞうしょあくごう》　皆由無始貪瞋癡《かいゆうむしとんじんち》
従身口意之所生《じゅうしんくいししょしょう》　一切我今皆懺悔《いっさいがこんかいさんげ》
（『華厳経《けごんぎょう》』）

「懺悔文《さんげもん》」とよばれ、法要のときに最初に唱える経文である。懺悔文にも長短様々あるが、『華厳経』に説かれるこの文が最も有名で、「略懺悔文」といわれている。

読み下せば、

「我れ昔より造る所の諸《もろもろ》の悪業は、皆《みな》無始の貪・瞋・癡に由《よ》る身口意従《よ》り生ずる所なり。一切我れ今《いま》みな懺悔したてまつる」

となるが、読み方は宗派などで多少異なる。

自分は善いことをしたと思っても、悪い結果を生むこともある。その原因は、過去から受け継いだ「むさぼり・怒り・愚かさ」にあり、これらが無意識のうちに多くの罪をなしているのである。このことを素直に認識し悔い改めることは、人生を生きる上で極めて大切なことである。

（小峰彌彦）

初発心時《しょほっしんじ》　便成正覚《べんじょうしょうがく》

（『華厳経』）

仏駄跋陀羅《ぶっだばつだら》訳『華厳経』巻八の一句。

読み下せば、

「初《はじ》めて発心《ほっしん》する時《とき》、便《すなわ》ち正覚《しょうがく》を成《じょう》ず」

となる。発心とは菩提心を発《おこ》すこと、つまり覚り（悟り、菩提）への心を起こすことである。そして正覚とは、この上なく正しいあまねき覚りという意味で、釈尊の最高普遍の覚りのことであり、仏道実修の究極の目標である。

覚りを求めてはじめて心を起こした時、すでにそこにおいて覚りを成就しているという。求道・求法、仏道を求めて、仏法を求めて、心を思い起こしたその第一心、最初発心の中にこそ、すなわち仏道達成の覚りの真実が含まれているという。

初心・初一念の最初の決意・決心はたしかに重要であり、まことに大切である。仏の覚りに心を寄せ、思い立ったその時に、すでに仏の覚りの境地の中にいるのである。

（勝崎裕彦）

自未得度先度他《じみとくどせんどた》

（『大般涅槃経《だいはつねはんぎょう》』）

曇無讖《どんむしん》訳『大般涅槃経』（北本）巻三十八に見える一句。

「自らは未だ得度せずとも先に他を度せん」

——自分はいまだ覚りを得て救われていないが、先にほかの人を救い導きたい、と思う強い誓願である。まず他人のことを先に考えて、自分はあとのことでよいという崇高な志である。「自未度先度他」ともいい、利他の菩薩行の極致である。たとえば鳩摩羅什《くまらじゅう》訳『小品《しょうぼん》般若経』無慳煩悩品《むけんぼんのうほん》に、「我れ自ら得度すれば当《まさ》に未だ度せざる者を度すべし」などと説かれる誓願句を、さらに推し進めた内容である。

古い道歌に、

「人の身を渡し渡して己《おの》が身は岸に渡らぬ渡し守《もり》かな」

と詠まれているが、まさに大乗菩薩精神の高い配慮と実践が示されている。

（勝崎裕彦）

衆生《しゅじょう》無《む》辺《へん》誓願《せいがん》度《ど》　煩悩《ぼんのう》無《む》尽《じん》誓願《せいがん》断《だん》
法門《ほうもん》無《む》量《りょう》誓願《せいがん》学《がく》　仏道《ぶつどう》無《む》上《じょう》誓願《せいがん》成《じょう》

（『心地観経《しんぢかんぎょう》』ほか）

「四弘誓願《しぐせいがん》」とよばれ、原型は『心地観経』にあるとされるように、いくつかの典拠があり文言は依処により多少異なる。

この四つの誓願は、苦・集・滅・道の四諦《したい》の教えを実践して実現しようとするものであり、いわば菩薩道の理想である。

すなわち、

①救うべき衆生は限りはないが、その苦を除いてすべてを悟りの世界に渡そうとする誓願

②煩悩は尽きることがないが、苦の原因を取り除き必ず断ずるとの誓願

③仏の教えは量《はか》ることのできないほど広大であるが、様々な実践を通じすべてを学び取ろうとする誓願

④仏の道はこの上ないほど尊く得難いが、悟りの真相を知って必ず到達したいとの誓願である。

（小峰彌彦）

菩提心《ぼだいしん》を因《いん》とし、大悲《だいひ》を根《こん》とし、方便《ほうべん》を究竟《くきょう》とする。

（『大日経《だいにちきょう》』）

この言葉は「三句の法門」といい、「悟りの心をもととし、大悲心を根本理念とし、利他《りた》行《ぎょう》を究極とする」ことで、密教の代表的な経典である『大日経』の最も重要な教えの一つである。

大乗仏教では、釈尊と同じ悟りを目指すことと衆生救済の活動、すなわち自利利他円満を理想とするが、密教でもそれと基を一にする。

菩提心は悟りの心であり、自心を磨きあげる向上心で自利行である。

大悲は他を思い遣《や》る心で利他の精神である。

胎蔵曼荼羅（部分）

方便は手だてのことで、現実社会における衆生救済の具体化で利他行である。

この三句の教えは、胎蔵曼荼羅《たいぞうまんだら》に図像として示されている。

（小峰彌彦）

第五章

高僧の名言——「真理」について

1 生死

生《しょう》死《じ》即《そく》涅《ね》槃《はん》

——龍樹《りゅうじゅ》（『大智度論《だいちどろん》』）

「生死即涅槃」とは、生死の苦しみがそのまま涅槃の覚《さと》りの縁となるという意味である。迷える衆生《しゅじょう》の輪廻《りんね》生死が、そのまま仏の涅槃の覚りの境地となるという。

『中論《ちゅうろん》』観縛解品《かんばくげほん》最終偈《げ》には、「生死を離れて而《しか》も別に涅槃有るにあらず」と説き、観涅槃《かんねはん》品《ぼん》第十九偈では「涅槃は世間と少しの分別も有ること無し」と説いている。また『大智度論』巻五に「生死と涅槃とは一なり」、巻二〇に「生死と涅槃とは一にして二なし」と説き、いずれも生死の世界と涅槃の境地とになんの区別もないことを龍樹（一五〇～二五〇頃）が説いているわけである。

悩み苦しみに満ちた生死の世界が、安らぎ静まる涅槃の境地と本来同一であるというわけで、「涅槃即生死」の謂《いい》ともなる。（勝崎裕彦）

生《しょう》死《じ》事《じ》大《だい》　無《む》常《じょう》迅《じん》速《そく》

——永《よう》嘉《か》玄《げん》覚《かく》（『景徳伝灯録《けいとくでんとうろく》』巻五）

生死の迷いの世界を如何にして超越するかが仏教の最大の関心事であるのを「生死事大」という。無常迅速とはこの世の中のものも、我々の命も迅速な時の流れの中にあって、いつ果てるかわからないことを述べたものである。

唐の時代、永嘉玄覚（?～七一三）は曹渓山《そうけいざん》の六祖慧能《えのう》に参じたとき、威儀を具せず「生死事大、無常迅速」の語をもって慧能に仏法のありようを示すよう迫っている。

禅宗寺院や修行道場では、僧堂や庫院《くいん》（庫《く》裡《り》）などに木板（木製の鳴らしもの）を設けて諸事の合図に打ち鳴らすが、その片面に、

「謹白大衆、生死事大、無常迅速、各宜醒覚、慎勿放逸」

と書くのを常とする。読み下せば、

「謹《つつ》しんで大衆《だいしゅ》（修行僧のこと）に白《もう》す、生死事大、無常迅速、各《おの》おの宜《すべか》らく醒覚《せいかく》して、慎《つつ》しんで放逸《ほういつ》なること勿《な》かるべし」

となり、修行僧が光陰《こういん》を惜しんで仏道に努めるべく戒めた言葉である。

（佐藤秀孝）

生《うま》れ生れ生れ生れて生《せい》の始《はじめ》に暗く、
死に死に死に死んで死の終りに冥《くら》し。

――空海《くうかい》（『秘蔵宝鑰《ひぞうほうやく》』）

この空海（七七四～八三五）の言葉は、私たちの生命《いのち》は「不生《ふしょう》」のなかにあることを説いているのである。

「不生」とは「生じたのではない」という意味であり、「本不生《ほんぷしょう》」とも言い、私たちの生命そのものは何かモトがあってそこから生じて来

たものではないのだから、自分はどこから生まれて来たのかを問い、生まれて来た自分が死んだらどうなるのかを求めても答えは出ないのである。それを「暗く」と言い、「冥し」と言ったのである。

空海

私たちが生きるのは今この一瞬であって、生命のすべてはそこに存在するのである。無駄な迷いにとらわれず「今」を全力で生き抜くこと以外には、われわれにはやるべきことはない。

（小山榮雅）

学問と云うとも、生死《しょうじ》を離るばかりの学問は得《え》すまじ。
——法然《ほうねん》（「聖光房《しょうこうぼう》に示されける御詞《おことば》」）

浄土宗の二祖を継いだ聖光（一一六二～一二三八）は、比叡山で天台の奥義を究《きわ》め、三十歳の若さで九州油山の学頭に抜擢《ばってき》された。今で言えば有名地方大学の学長といったところか。聖光は意気揚々であったろう。

しかし、その二年後、弟弟子・三明《さんみょう》房が急逝。聖光は自力では如何《いかん》ともしがたい現実の壁に突き当たり、これまで修めてきた学問が何の役にも立たないことを思い知らされる。

その後、法然の草庵を訪れた聖光は、他力《たりき》の教えに帰入する。そんなある日、師法然が、「学問を修めることは大切だが、生き死にを繰り返す迷いの世界から離れ出られるような学問など修められはしない」と学問の限界を指摘された。

「わが意を得たり」聖光は深く肯《うなず》いたであろう。

（林田康順）

生《しょう》をあきらめ死をあきらむるは、仏家《ぶっけ》一大事《いちだいじ》の因縁なり。

――道元《どうげん》（『正法眼蔵《しょうぼうげんぞう》』「諸悪莫作《しょあくまくさ》」の巻）

生命は自分（我）を認めることから活動を始め、認めた自分を益するものを得ようとして、得られれば楽、得られなければ苦、生命活動はこれの繰り返しの範囲から出ることはあり得ない。これを生死輪廻《しょうじりんね》、略して生死と言う。自分中心に生きる迷いの衆生のあり方を言い、涅槃に相対する語である。

仏の教えによってこの生死を明らかにすれば、生死も諸法の真実の姿、諸法実相である。一大事とは諸法実相を言う。実相からもれるものはないから、実相は一であり大であり事実である。

諸法実相から衆生を見れば、衆生は本来仏であるから、衆生は仏の因である。因である衆生は、実相を明らめることを縁として仏と成る。それで一大事因縁と言われる。仏はこの一大事因縁の故に世に出現された。

この言葉は、生死の実相、生をも死をも明らかにすることが、仏教者には何より大事なことを言う。

（能勢隆之）

生《しょう》も一時のくらいなり、死も一時のくらいなり。

——道元（『正法眼蔵』「現成公案《げんじょうこうあん》」の巻）

有名な薪《たきぎ》と灰の譬《たと》えで説かれる所である。薪が燃えると灰になる。ところが「薪が灰になるのではない」と言われる。なぜなら、薪の時は薪はまだ灰にはなっていない。灰の時には薪は無くなっている。薪の時にまだ存在しない灰を思うのは妄慮であり、灰の時に無くなった薪を思うのは妄念で、ここから迷いが始まる。これがなければ、薪は前、灰は後ではなく、薪は薪、灰は灰のみ。これを「前後際断」と言う。

道元（福井・宝慶寺蔵）

薪を生、灰を死に置き換えると、生の時は生で真実、死の時は死で真実。生（前）が死（後）になるのではない。それぞれの位にあって、そこに優劣はなく、全機現であり、共に「諸法の仏法なる時節」の「現成公案」である。

（能勢隆之）

先臨終《まずりんじゅう》の事《こと》を習《ならい》て後《のち》に他事《たじ》を習《ならう》べし。

——日蓮《にちれん》（『妙法尼御前御返事《みょうほうあまごぜんごへんじ》』）

私たちは如何《いか》にして「死」を迎えるかを考え

た上で、他のことを学ぶべきである、と日蓮聖人（一二二二～一二八二）はいう。

仏教の根本義は、「死」を大前提として今をいかに生きるかにある。いわば、死にざまをどう迎えるかの延長線上に生きざまを考えなければならないというのである。

仏教で説く「四苦《しく》」のなかで、精神的に最も超克しなければならないのは「死苦」である。お釈迦さまは生後一週間で母（摩耶夫人《まやぶにん》）を亡くしたという。この出来事は、お釈迦さまの後の人生に大きな影響を与え、「死」をどのように克服するかが仏教のメインテーマとなった。

「死」を考えることは、日一日を新しい気持ちで生きていくことに他ならない。それは湯王《とうおう》の盤名《ばんめい》「又新《ゆうしん》」という言葉にも通じる。

（浜島典彦）

六道輪廻《ろくどうりんね》の間には、ともなふ人もなかりけり。独りむまれて独り死す、生死の道こそかなしけれ。

――一遍《いっぺん》（『百利口語《ひゃくりこうご》』）

一遍（一二三九～一二八九）が詠んだ和讃《わさん》の一節である。「地獄や畜生《ちくしょう》など六つの迷いの世界を輪廻している間、共に歩む者などどこにもいない。独りで生まれ独りで死んでいく。生き死にを繰り返す道を独りで歩むのは、なんとも哀しいことである」と。この世でどれほど多くの人に囲まれ富や財産に埋もれて暮らそうとも、死が訪れた時、わが身に付き従うものなど何もない。

しかし、そんな徹底した孤独と対峙《たいじ》した時こ

そ、究極の救いは訪れる。一遍は、

「南無阿弥陀仏の名号《みょうごう》は、過ぎたるこの身の本尊なり」

と続ける。わが身を救う真実の働きこそ六字名号であり、他はすべて不要である。自身の臨終にあたり、所持していた書物をすべて焼き捨てた中に、一遍の真骨頂が見出せる。（林田康順）

門松《かどまつ》は　めいどのたびの　一里塚　馬
かごもなく　とまり屋もなし

——一休《いっきゅう》（『一休蜷川《にながわ》狂歌《きょうか》問答《もんどう》』）

正月に飾る門松は、死（冥土《めいど》）への旅路の一里塚だという。

一里塚は、昔、街道に一里（約四キロ）ごとに設けた道標の塚である。この世に生を受けて、誰か死なない者があろう、一人もいないのである。事物の一切も必ず滅んでゆく。その死へ運び行く時を、休息させる馬や籠《かご》もなければ、去り行く今を泊める宿屋もない。

正月が来ると、人は目出たがって喜んでいるが、結局はあの世に近くなっただけだ。正月は改めてその事実を確認する日である。そう確認して、人生に執着してよいものは一つもなかったと悟る。

人間にとってそう悟ってゆく以上の目出たさはないとの、一休和尚（一三九四～一四八一）の心である。（形山睡峰）

髭《ひげ》長く　腰まがるまで　活《い》きたくば
食をひかえて　独りねをせよ

——白隠《はくいん》（海老《えび》の図への讃）

大きく身を曲げた伊勢海老の図に、白隠（一六八五〜一七六八）が讃をしたためた、その言葉である。髭が長くなって腰も曲がるような歳まで長生きをしたいと願うなら、小食にして性欲を控えよ、つまり女性と床《とこ》を共にするな、と言うのである。

男性に対する戒めのようだが、女性にも通じることだろう。人間の身体ほど精妙に創られたものはないのに、私欲のままに暴飲暴食し、荒淫に耽《ふけ》っていれば、ある日、二度と治らぬ病を宣告されて冷汗三斗するのは当然である。

昔から、腹八分に医者いらずと言う。また、精力を蓄えてゆけば生命力も保たれると思われてきた。健康のままで老いてゆきたいなら、先ずこの二つを恣《ほしいまま》にするなとの、白隠の戒めである。

（形山睡峰）

富《とみ》にいて貧《ひん》を忘れぬ者は長く富《と》む。生《しょう》にあって死を思う者はつねに長者《ちょうじゃ》なり。

――慈雲《じうん》（『慈雲尊者短編法語《たんぺんほうご》』）

この慈雲（一七一八〜一八〇四）の言葉は、心の在《あ》りようを言っている。

自分自身の姿をつねに正確に、また正直に見つめていなければ、心の充実なぞ、とうてい得られないのである。

詩人の宮沢賢治は大喀血《かっけつ》をして死を間近にした床《とこ》のなかで、こう詠《うた》っている。

あなたの方からみたら
ずゐぶんさんたんたるけしきでせうが

わたくしから見えるのは
やっぱりきれいな青ぞらと
すきとほった風ばかりです

つね日頃から、心を磨き、自分自身の存在を正確に、ありのままに見きわめていた爽やかな心の証左《しょうさ》であろう。

（小山榮雅）

生のみが我等にあらず、死もまた我等なり。

――清沢満之《きよさわまんし》（『臘扇記《ろうせんき》』）

これは近代の代表的な哲学者・仏者であった清沢満之（一八六三〜一九〇三）の「絶対他力の大道」に出る言葉として知られている。もとは清沢の日記『臘扇記』の言葉である。

清沢満之

当時、清沢は健康・家庭・仕事においてどうしようもない状況に投げ込まれていた。その中で、生と死の問題の根本的な解決こそ宗教の核心であると清沢は受けとめていくのである。

この文は次のように続く。

「私たちは生と死をあわせて有するものです。私たちは生死に左右されるべきものではありません。私たちは生と死というあり方以外に、霊性としても存在するものです」

そして、

「私たちは生死を喜んだり、悲しんだりするべきではありません。……私たちはむしろ宇宙万有の変化のなかで、かの無限他力の妙なるはたらきを嘆賞するだけです」

と結ぶのである。ここに仏教の伝統的な死生観は近代の表現を獲得した。　（加来雄之）

死をひしひしと水のうまさかな
――種田《たねだ》山頭火《さんとうか》

種田山頭火（一八八二～一九四〇）は、曹洞宗の僧侶となった遍歴放浪の俳人であり、仏教の教えがこの句の原点にあると考えられる。

お釈迦さまは、自分の生命《いのち》は死によってなくなるが、実は「生命《いのち》」とは個人のものでなく、親につらなり、先祖につらなるものであり、また、子孫へとつらなって生きんとしているものである。生命は、非連続のようでありながら連続して永遠を求めている、と説示されている。

山頭火は、きびしい放浪の旅の中、いつ死ぬかも知れない限界状況にありながらも、仏教の教えにより、自分の個としての生命の非連続だけでなく、永遠を求めて連続している生命を悟った。

死をひしひしと感じつつも、水のうまさのなかに永遠なるものを観じて、法悦の境にあったのである。　（皆川廣義）

2 人間

ともにこれ凡夫《ぼんぶ》のみ。

――聖徳太子《しょうとくたいし》（『十七条憲法《じゅうしちじょうけんぽう》』第十条）

日本で初めての憲法は聖徳太子（五七四〜六二二）によってつくられ、十七条からなっていた。

その第十条で、

「われ必ず聖にあらず、彼必ず愚にあらず、ともにこれ凡夫のみ、是非の理、誰かよく定むべけむ」

と説く。

自らが常に聖なるとは限らず、他の誰がいつも愚かしいということもない。共に煩悩によって迷う凡夫である。

仏教に帰依《きえ》した太子らしい条項である。それは後の憲法が法のもとでの平等を説く始まりでもある。

が、この憲法の趣意が当時、どれだけの国民に通じたことだろう。それを思うと、この条項は今でいう平等を説くというより、特権を振りかざす人を共生の場へ引きもどす、太子の懸命の説得だった気がしてくる。

（寺林　峻）

いづれの行《ぎょう》もおよびがたき身なれば、とても地獄は一定《いちじょう》すみかぞかし。

――親鸞《しんらん》（『歎異抄《たんにしょう》』）

『歎異抄』第二章にある有名な一句。「どのような修行も及ばないわが身なのだから、どっちみち地獄こそただひとつの定められた居場所なのだなあ」。

親　鸞
（京都・西本願寺蔵）

ここには法然の「ただ念仏して弥陀にたすけられよ」という仰せとの出遇《であ》いを通して得られた親鸞（一一七三～一二六二）の深い我が身の自覚が語られている。

これは単なる反省や絶望ではない。むしろ人間の迷いの深さを見据え、それを背負って起こされた法蔵菩薩《ほうぞうぼさつ》の本願にふれることによる絶対の自我否定である。

どのような自力の修行も成し遂げることはできないという自覚を通して、はじめて他力の真髄に触れることができるのであろう。

（加来雄之）

これを斉《ひと》しうするに、礼を以《も》ってする。

――南浦紹明《なんぽじょうみょう》（『大応国師語録《だいおうこくしごろく》』）

灌仏会《かんぶつえ》（お釈迦さまの誕生日）に、南浦（一二三五〜一一三〇八）が祝偈《しゅくげ》を述べた。

「釈迦族の王子に生まれ、後に衆生済度《しゅじょうさいど》に奔《ほん》走《そう》された。その仏心の光輝は、雨に洗われ風に磨かれて、今に至るも極まりない。今日わが手にも及んで、誕生仏の頭から甘茶を一《ひと》勺《しゃく》注いでいる。釈尊の道を絶やさず、お悟りの心と斉《ひとし》くなってゆくには、礼を尽くしてゆくのが一番だからね」

と。

子孫の繁栄を願い、家内をよく斉《ととの》えてゆかんと望むなら、親子兄弟が互いに礼儀を尽くし合ってゆく他はない。礼儀はいらない、個性の自由の方が大事だとしてきたから、今日の崩壊がある。我がままを去り真心《まごころ》で礼を行じてゆけば、互いの心が仏心と等しくなってゆく。

感謝と礼によってしか、人は安心を得ないのである。

（形山睡峰）

仏と衆生《しゅじょう》とは、水と氷のごとし。

——抜隊得勝《ばっすいとくしょう》（『塩山仮名法語《えんざんかなほうご》』）

「仏と衆生（日々を迷って生きる人間）とは、水と氷のような関係だ。氷のときは石や瓦のように固くなって自在でないが、解ければ本《もと》の水の性質となって、周囲の状況に応じて滞《とどこお》ることがない。人も迷うときは氷のようだが、悟れば本の仏の妙体となる。氷の中に水にならない氷はないように、一切衆生で仏にならぬ衆生はない。ただ、迷いの一念が隔《へだ》てを作るばかり。その一念が解ければ、衆生は即座に仏である」

と。

抜隊（一三二七〜一三八七）は、常に、

「生死《しょうじ》の苦を免れんと思わば、今ここで聞く者見る者の、その主は何者ぞと問い続けて情識の本を窮《きわ》めてゆけば、悪夢の覚めるように、仏心を悟るのだ」

と言った。

（形山睡峰）

朝《あした》には紅顔ありて夕べには白骨となれる身なり。

――蓮如《れんにょ》（『御文《おふみ》［御文章《ごぶんしょう》］』）

いわゆる「白骨《はっこつ》の御文《おふみ》」に出る言葉。本願寺の門徒であれば通夜の場などにおいて拝読されるので耳に残っている人も多いだろう。

『無常講式』と『和漢朗詠集』によりながら「それ、人間の浮生《ふしょう》なる相をつらつら観ずるに」から始まり、「一生すぎやすし」「我やさき、人やさき、きょうともしらず、あすともしらず」「すでに無常の風きたりぬれば、すなわちふたつのまなこたちまちにとじ」と人生無常の悲しみをたたみかけるように語りかける。

蓮如真筆「南無阿弥陀仏」

ただ、蓮如（一四一五〜一四九九）は、この文を、

「たれの人もはやく後生《ごしょう》の一大事を心にかけて、阿弥陀仏をふかくたのみまいらせて、念仏もうすべきものなり」

と結ぶ。人生の根本問題を知らせ、それを解決するただ一つの道を示すことに蓮如の真意がある。

（加来雄之）

衆生本来仏《しゅじょうほんらい》なり。

——白隠《はくいん》（『坐禅和讃《ざぜんわさん》』）

白隠（静岡・松蔭寺蔵）

白隠禅師《ぜんじ》（一六八五〜一七六八）が、「衆生本来仏なり　水と氷のごとくにて　水を離れて氷なく　衆生のほかに仏なし」と、坐禅の要諦を和讃にして歌いだしたもの。衆生はここでは、日々迷いながら生きる我々人間のことである。しかし、その人間はまた、皆、仏心を具《そな》えている者だった。

それはちょうど、水と氷の関係に同じで、固い氷も元は自在に流れる水である。

人間は経験や思いに執着して我と思う。だが、その個人的な経験や思い（氷）を解き放ち、己れ無き心（水）が本来の性質だったと気づけば、衆生のままで迷いの中を自由自在に流れていたことを悟る。

（形山睡峰）

唯、出る息を丹田《たんでん》よりいだし、入る息を丹田にお引取りそろように。

——霊源慧桃《れいげんえとう》（『霊源和尚法語雑集』）

白隠禅師嗣法《しほう》の弟子・霊源（一七二一～一七八五）が、病気の人に送った言葉である。

出る息吸う息のどちらも丹田（臍《へそ》から握りこぶし一つ下の辺にある、体の中心のツボ）から出入りしているように想像させて、意識を丹田に凝《こ》らしてゆく。「是《これ》こそ、養生の第一にて、どんな瞬間も離さず、油断なきようにしなさい」との教えである。

この養生法は、白隠が重度の病に罹《かか》ったとき工夫した方法だが、病気が回復したばかりではなく、仏道の要諦が手のひらの筋を見るごとくに明らかになったという。

霊源は、生きることの真意を納得したいと欲するなら、念々を磐石《ばんじゃく》のごとく丹田にすえて、寸時も弛《たゆ》まぬようにしてゆく他はないと、くり返し説いた。

（形山睡峰）

磨いたら　磨いただけの　光あり　性《しょう》根玉《ねだま》でも　何の玉でも

――山本玄峰《やまもとげんぽう》（『無門関提唱《むもんかんていしょう》』）

「どこの宗旨でも『法華経』や『華厳経』などの仏典をよりどころにする。禅宗にはよりどころがない。よりどころはめいめいの性根玉じゃ。めいめいの性根玉と仏の性根玉と達《だる》磨《ま》の性根玉とを合わせて、両鏡《りょうきょう》相照《あいて》らして

山本玄峰

中心に影像《ようぞう》なし（二つの鏡を向かい合わせたら、どんな汚れも映しようがない）、というように磨き上げてゆくのが坐禅じゃ。よりどころはめいめいの本智本能じゃが、それをやむをえず曇らかしておる。だから、その鏡を磨くのじゃ」

と。

玄峰老師（一八六六〜一九六一）晩年の提唱である。畳でも柱でも、着物でも、こぼれた埃《ほこり》でも大光明を放っている。

自性《じしょう》を磨いて、そのことが本当にわかることが禅宗の悟りである。

（形山睡峰）

人は仏心の中に生まれ、仏心の中に生き、仏心の中に息をひきとる。

——朝《あさ》比《ひ》奈《な》宗源《そうげん》（『仏心《ぶっしん》』）

「人間は誰でもお釈迦さまがお悟りになった心、即ち仏心を具《そな》えている。その仏心は汚すことも傷つけることもできない。品行の良し悪しにも、学問のあるなしや社会的身分の上下にも関わらない。こんな立派な仏心をもっていながら、そのことを教えられず、たとえ教えられても信じない人は、宝の持ち腐れで

朝比奈宗源

ある。

よしんば自分が修行して悟りを開かなくとも、これを信じれば生きても仏心の中に生き、死ぬるも仏心の中に死ぬのであって、死後に地獄に行くの迷うのということは絶対にない。これは、祖師方の教えの生粋《きっすい》であり、私が修行してゆきついた最後の信心である」

と。

宗源禅師（一八九一〜一九七九）のこの一言に救われた人は多かった。

（形山睡峰）

3 他者と生きる

他《た》を利《り》するとは即ち自《みずか》らを利するなり。

——龍樹《りゅうじゅ》（『十住毘婆沙論《じゅうじゅうびばしゃろん》』）

他人の利益を優先することの大切さを述べた龍樹（インドの人。一五〇〜二五〇頃）の言葉である。

私たちは無意識のうちに自分優先になり、他人のことは二の次にしてしまうものである。しかし考えてみると、私たちは社会の中で大勢の人と直接間接を問わず関係し、互いに助け合って生きているのである。その中で自分だけの利益を追求するならば、軋轢《あつれき》が生じるのは必然の結果である。

「情《なさ》けは人のためならず」との文言は、よく曲解される文例として取り上げられるものであるが、まさにこの言葉の通りで「他のために尽くすことは結局は自分に帰ってくること」であり、すなわち最終的にはそれこそが「自分のためになること」なのである。

（小峰彌彦）

和《わ》を以《もっ》て貴《とうと》しとなす。

——聖徳太子《しょうとくたいし》（『十七条憲法《じゅうしちじょうけんぽう》』第一条）

聖徳太子（五七四～六二二）の言葉として、最もよく知られている。

「和」の古い文字は、長さも太さも異なる竹管を何本か並べた楽器の形を扁としていたと読んだことがある。竹の筒を打つだけでなく、筒に穴をあけて吹いたり、竹片に割ったのを紐《ひも》で結んで振ったり。竹の澄んだ音色を多様に楽しんだことだろう。また弦の音と和すなど、他の楽器の音を引き立てながら、自らの清々とした音色も他に消されない。人も和して連帯しながら、自らの命の音色もくっきりと響かせよう。

聖徳太子（宮内庁蔵）

聖徳太子の和を尊ぶ教えの原郷に、こんな素朴で個性的な竹楽器の澄んだ音色があったのかもしれない。

（寺林　峻）

ほろほろと　鳴く山鳥の　声聞けば
父かとぞ思ふ　母かとぞ思ふ

――行基《ぎょうき》

古代には公的な寺に住んでいないと、私度僧《しどそう》と軽く見られた。が、行基（六六八～七四九）はそれに屈せずに遊行《ゆぎょう》し、行く先は山間にまで及び、仏法を説き、得意の土木技術で橋を架け、寺を建てた。だから山間の里では木立の間に見える寺が、行基によって創建された伝承を大切にしていることがある。

　そうした山岳地を一人行く行基の胸に、時に亡き父と母が訪れた。とくにほろほろと鳴く山鳥の声を耳にすると父の孤高さを思い、また、その声に誘われて、母を慕う気持ちを胸に騒がせる。

　修行行脚《あんぎゃ》の厳しさと、父母を思うやさしさ。そんな行基が今もゆかりの寺の静かな誇りなのである。

（寺林　峻）


悪事《あくじ》を己《おのれ》にむかえ、好事《こうじ》を他《た》に与え、己を忘れて他を利《り》するは、慈悲《じひ》の極《きわ》みなり。

——**最澄《さいちょう》**（『天台法華宗年分縁起《てんだいほっけしゅうねんぶんえんぎ》』）

最澄（滋賀・観音寺蔵）

　大乗仏教は、慈悲の教えであると言ってもよい。それも、私が誰かに慈悲を施すというような意識を持ったものではなく、別け隔《へだ》てのない平等、無限定の、自他の分別すらない慈悲が最高の慈悲とされる。
　伝教大師《でんぎょうだいし》最澄（七六七〜八二二）は、何か悪いことは自分が引き受け、好ましいことは他にまわすと具体的に述べつつ、自分のことを考えに入れずに、他のためになるようにすることこそが慈悲の極まったすがたであるという。

大乗仏教の実践者は本来、自己自身を磨くとともに他を済《すく》うことを旨とするが、伝教大師はこれをさらに進めて、自分というものに全くとらわれることのない、仏の慈悲のあり方の本質を「己を忘れ他を利する」という端的な言葉で語っているのである。

（塩入法道）

一切《いっさい》の男子《だんじ》は是《こ》れ我が父なり。一切の女人《にょにん》は是れ我が母なり。

——空海《くうかい》（『教王経開題《きょうおうきょうかいだい》』）

このあとに「一切の衆生《しゅじょう》はみな是れ我が二《に》親《しん》・師君《しくん》なり」と文章がつづき、「すべての生命《いのち》あるものは私の両親であり師匠である」と空海（七七四～八三五）は説いている。

「衆生」とは「いきとしいけるもの」であり、人間のみならず「この世の生命のすべて」を表わす言葉である。この前文には、「恵眼《えげん》をもってこれを観《かん》ずれば一切の衆生はみな是れ我が親なり」とあり、「一切の男子は……」とつづくのである。

この世に存在するいろいろな生命が自分の心にじかに作用して、心の働きを生き生きとさせてくれているわけであるから、それに気づいて力を得ることこそが人生を豊かにする最も大切なことなのである。

（小山榮雅）

一切の有情《うじょう》はみなもて世世《せせ》生生《しょうじょう》の父《ぶ》母《も》兄弟《きょうだい》なり。

——親鸞《しんらん》（『歎異抄《たんにしょう》』）

『歎異抄』第五章の、

「私親鸞は父母の追善供養のために念仏したことは一度もありません」

という言葉の説明として出てくる一句。あらゆる命は平等であるという生命観は、すべての仏教が共有するが、「生まれかわり死にかわりするなかで父母ともなり兄弟ともなる」という表現によってより実感をもって受けとめることができる。

この言葉は自我関心によってのみ他者に関わっている私たちのあり方を根底から問い直し、生命の尊厳なる事実に呼び戻す力をもっている。

ただ親鸞（一一七三～一二六二）は、このような生命観に立てないのが私たち凡夫《ぼんぷ》であるから、「ただ自力をすてて」他力をたのむ道に立って「まず有縁《うえん》を度《ど》す（まず縁あるものから救う）」べきであると結ぶ。

（加来雄之）

愛語《あいご》よく廻天《かいてん》の力あることを学すべきなり。

——道元《どうげん》（『正法眼蔵《しょうぼうげんぞう》』「菩提薩埵四摂法《ぼだいさったししょうぼう》」の巻）

布施・愛語・利行《りぎょう》・同事《どうじ》を菩提薩埵四摂法という。菩提薩埵（菩薩）は、この四法を行ずることで衆生（人びと）に親愛の心を生じさせ、摂取して仏道に迎え入れる。

その中、愛語とは、衆生に対して慈愛の心を起こし、善言慰諭《ぜんごんいゆ》（その人の心にかなった善い言葉で慰め諭《さと》す）して人を仏道に入れさせること。

張玄素《ちょうげんそ》という諫議《かんぎ》（天子の過失を諫《いさ》める役）が、唐の太宗《たいそう》が洛陽宮を造ろうとした時、力の限り切直敢言《せっちょくかんげん》（切なる心で言うべきことを直接に敢えて言う）し諫めて造営を中止させた。綸言《りんげん》汗の如し。出た汗がもとに戻らないように、天子の言葉は撤回できないが、愛語には天子の言葉を廻《めぐ》らせる（廻天）程の力がある。愛語の実践によって、それを学ぶべきである。

（能勢隆之）

布施というは不貪《ふとん》なり。不貪というはむさぼらざるなり。

——道元（『正法眼蔵』「菩提薩埵四摂法」の巻）

布施はダーナ（与えること）の訳。貪は、自分の意に適うものに愛着し貪《むさぼ》ることである。「自分（我）」というものも、「自分のもの（我所）」というものも、もともと存在しない。それなのに、それを「自分のもの」にしようとする、そこに迷いがあり、罪業があり、苦しみが起こる。「自分のものではないもの」を「自分のもの」にしない、それが「不貪」である。「不貪」と「むさぼらず」とはどう違うかは参究するべきである。

布施には理屈抜きで、功徳が本具《ほんぐ》している。その証拠に、布施された人は、布施した人の言うことに聞き従う。だから菩薩は一財を施して人の心を転じ、仏道の究極にまで導くのだ、と道元禅師《ぜんじ》は言われている。布施に本具する偉大な力である。

（能勢隆之）

鳥と虫とは鳴けどもなみだをちず。日蓮はなかねどもなみだひまなし。

——日蓮《にちれん》（『諸法実相鈔《しょほうじっそうしょう》』）

日蓮聖人《しょうにん》（一二二二〜一二八二）が佐渡配所《さどはいしょ》に

あって認《したた》めた『諸法実相鈔』にある言葉。

鳥が「ピーチク　パーチク」、虫が「チンチロ　チンチロ　リーン　リーン」と鳴いても、涙を流しているのではない。私は泣いてはいないのだけれど、涙が零《こぼ》れて仕方がない。それは世間でいう涙とは違い、『法華経』に生きる涙、甘露《かんろ》の涙である。

日蓮聖人の人生にあって最大の難儀は二年半に及ぶ佐渡流罪《るざい》であった。弟子や檀越《だんのつ》のほとんどは離れ、自身も死を覚悟した。

この流罪生活の中で『法華経』の経文に示された文言を身体で体験することになる。それは自身が過去に犯した罪（謗法罪《ほうぼうざい》）を滅することでもあった。涙は法悦《ほうえつ》の涙でもあったのである。


（浜島典彦）

わが詞《ことば》麁暴《そぼう》なれば、すなわち彼が答えも麁暴なり。
――損翁宗益《そんのうしゅうえき》（『見聞宝永記《けんもんほうえいき》』）

『見聞宝永記』は、瑞方面山《ずいほうめんざん》が師の損翁宗益に参随《さんずい》した記録である。道元禅師の『宝慶記《ほうきょうき》』、懐奘《えじょう》禅師の『随聞記《ずいもんき》』に比べられる。弟子は求めていた正師《しょうし》を得、師は法を伝えるに足る弟子を得た。その師匠と弟子の、羨《うらや》むばかりの親密な参学記録である。

これは面山が維那《いの》を命じられた時の損翁の開示である。維那は槌砧《ついちん》等の法器《ほうき》を鳴らして大衆《だいしゅ》に法を行じさせる。そのとき自分の心が法にかなっていなければよい音はでないし、大衆も和合しない。自分の心が粗暴で言葉も乱暴であれば、相手の対応も粗暴になる。柔らかであれば、柔らかな答えが返ってくる。

　鐘一声といえども仏道の大事である。大衆同《どう》道《どう》の仏事がこれに関わっている。これに参熟すべきである。

（能勢隆之）

君看《み》よ双眼の色、語らざれば憂いなきに似たり。

――良寛《りょうかん》

　少年良寛の姿が想われる句である。

　人は一人生まれ一人死ぬ。孤独である。感じやすく傷つきやすい。常に他人と比べ、劣等感を持ち、どう生きればよいのか、何のために生きるのか、悩み、苦しみ、不安である。

　少年期は特にそうだ。純粋で世間なれしていない。自分でも分からないが、何かを自分に問いかけ、問題を抱えている。この心は私たちを仏道に導く、見失ってはならない、宝のような、大事な心である。

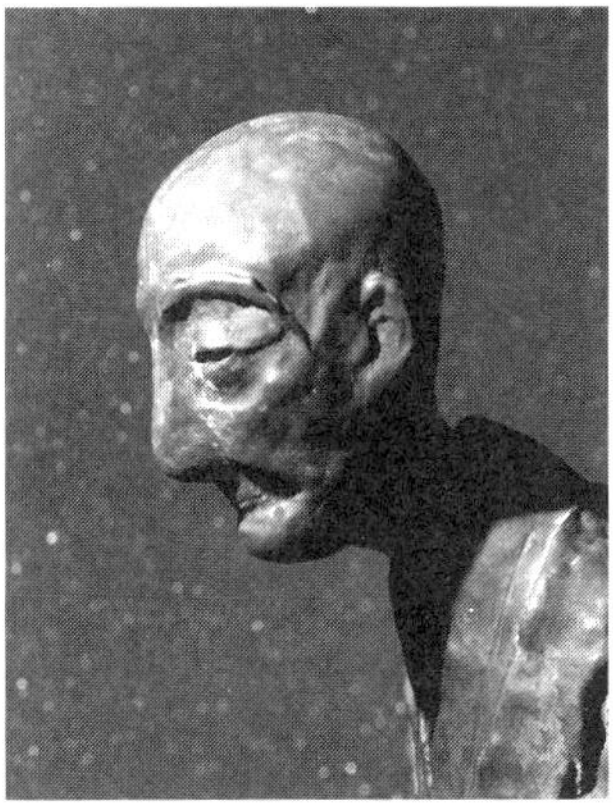

良寛

　無口で語らないのではない。語れない、自分自身に問うしかないのだ。彼の二つの眼から、語り得ない「憂い」が、良寛の心には痛いほど感じられる。

　この心は誰にでもある。「双眼」「憂い」を、良寛自身のものとして、私の眼を見てほしい、宗門の現状を思えば憂えざるを得ない、という解釈もなされている。

良寛の自作ではない（『槐安国語《かいあんこくご》』にある。ただし憂を愁とする）が、良寛が好きな句であったようだ。

（能勢隆之）

十億の　人に十億の　母あらむも　我が母にまさる　母ありなむや

——暁烏敏《あけがらすはや》（『暁烏敏全集』第十五巻）

浄土真宗の学僧・暁烏敏（一八七七〜一九五四）は生涯に多くの和歌を詠んだ。母を失ったとき暁烏は死の床に侍《はべ》り、ただ「お母さん、お母さん」とよんで泣いていたという。そしてその後、約一ヶ月はただただ母を歌った。

なぜこの暁烏の歌がこれほど私たちの心に染み入るのだろうか。それは私たちがこの歌のなかの「我が母」を、私たち一人一人の我が母として、つまり「私にとって私の母にまさる母はあるだろうか」と読み換えているからであろう。そこに、私たちは私の母親だけがという自他を比較するエゴを超えて、かけがえのない縁を生きるものとして満足する世界の入り口を垣《かい》間見《まみ》ることができる。

そのときの歌をもう一つ紹介しよう。

「母上も　仏におはす　そひねして　乳房さぐらす　仏におはす」

（加来雄之）

目で見せて　耳で聞かせて　してみせて　ほめてやらねば　人はできぬよ

——清水浩龍《しみずこうりゅう》

金沢の大乗寺の住職であった清水浩龍老師

（一八八〇～一九六五）の言葉。

教育がむつかしい時代である。人は働くことで生きている。働く所には必ず共同体が形成される。教育とは、共同体が有能な働く人を育てることである。

かっては家と村が共同体として、働く現場であった。そこでは親や先輩が働く姿を見て人は教育された。道徳も共同体のルールとして身に付けられた。だが皆が会社で働くようになると、家も村も働く現場ではなくなり、家も地域も教育力を失う。教育は知育中心の学校教育になった。

けれども教育が本当に身に付くのは働く現場である。だから教育は、現場と同じく、目で見せ、耳で聞かせ、して見せる、この手間暇を掛けなければ人は育たない。

「賢を見ては斉《ひと》しからんと思う（自分もあの人のようになりたい）」（道元禅師の『正法眼蔵』「行持」の巻）。この心は人が育つ原動力である。「ほめる」ことによって、この心・この意欲は引き出され、人は成長する。

（能勢隆之）

言葉のいらぬ世界が仏の世界、言葉の必要なのが人間界、言葉の通用しないのが地獄。

――曽我量深《そがりょうじん》

この句は、生きることの諸層を言葉という一点から、見事に描き出している。

仏の世界は自他平等であるから、お互いを理解しあうための言葉を必要としない、それは言葉をこえた世界である。地獄は、言葉があっても、その言葉は自我を肥大化させ孤独地獄に閉じこめるだけで、通じ合うことができない。

人間は他者とふれあうために言葉を必要とする。しかし人間にとって言葉はコミュニケーションやインフォメーションのための道具という意味にとどまらない。私たち人間は道具以上の言葉、言葉をこえた世界からの言葉も必要とする。それが名号《みょうごう》（南無阿弥陀仏）である。

近代真宗学を確立した曽我量深（一八七五〜一九七二）は「名号は生ける言葉の仏身なり」という。


（加来雄之）

4 心

心は万境《ばんきょう》に随《したが》って転ず。転ずる処《ところ》、実に能《よ》く幽《ゆう》なり。

――説者不明（『景徳伝灯録《けいとくでんとうろく》』巻二）

禅宗史書として知られる『景徳伝灯録』の巻二の西天《さいてん》（インド）二十二祖摩拏羅尊者《まぬらそんじゃ》の章に、「伝法偈《でんぽうげ》」として、

「心は万境に随って転ず。転ずる処、実に能く幽なり。流れに随いて性《しょう》を認得すれば、喜び無く亦《ま》た憂《うれ》い無し」

とあり、臨済宗祖の臨済義玄《りんざいぎげん》（?～八六六）の『臨済録』の「示衆」にも、古人の語として引用されている。

心は万境のままに転変しつつ、その転変の仕方は何とも秘めやかである。その流れのままに心性《しんしょう》を見て取れば、喜びも憂いも生ずることはない。

心が柔軟に対象に応じ、一つに凝り固まらずに自由にいれたなら、愛憎や取捨に振り回されず、ものをありのままに捉《とら》えることができるとの意。

（佐藤秀孝）

夫《そ》れ仏法《ぶっぽう》遥《はる》かにあらず、心中《しんちゅう》にして即《すなわ》ち近し。真如《しんにょ》外《ほ》かにあらざれば、身を捨てて何《いず》くにか求めん。

——空海《くうかい》（『般若心経秘鍵《はんにゃしんぎょうひけん》』）

仏の説かれた法（さとりの世界）は遥か遠くにあるものではなく、自分の心のなかにあるのである。

真理は自分の外にあるのではないから、自分の心をないがしろにして、ほかにそれを求めても得られるものではないと空海（七七四〜八三五）は言うのである。

大切なのは自分の心なのである。内なる心を磨《みが》かず、外にばかり目を向けていては、せっかくの人生が台無しになってしまう。

そのことに一刻もはやく気づくべきであり、気づくことこそが、心の本当のはたらきなのである。

（小山榮雅）

衆生《しゅじょう》の心清浄《しんしょうじょう》なるときは即《すなわ》ち仏を見、もし心不浄《ふじょう》なるときは仏を見ず。

——空海（『弁顕密二教論《べんけんみつにきょうろん》』）

心が「清浄」であるか、「不浄」であるかが問われている。「清浄」とは「清らかな」ということであり、「清らか」とは「仏の教えを信ずる心の堅持《けんじ》のこと」であって、仏の教えに自分のすべてを任せ切ることを言うのである。

心は、たえず揺れ動く。清らかな心でないと、ものの本質は見えては来ず、安らかな心を得ることはできない。

心を清らかにする努力を惜しまず、爽《さわ》やかに

生きなければ、この世に生まれて来た意味がないのである。（小山榮雅）

悪性《あくしょう》さらにやめがたし　こころは蛇蠍《じゃかつ》のごとくなり

――親鸞《しんらん》（『正像末和讃《しょうぞうまつわさん》』）

「悪を行うという本性はとてもとめることなどできない。私のこころは喩《たと》えれば、人を傷つけ、ときには殺す蛇やさそりのようなものである」

善導《ぜんどう》大師の文を典拠とするこの和語は、「浄土真宗に帰すれども　真実の心はありがたし」にはじまる「愚禿悲歎述懐《ぐとくひたんじゅっかい》」に出てくる。

親鸞（一一七三～一二六二）には、みずからの機《き》（資質）と生きる時についての深い痛みがある。ここには、仏教に帰依しているという思い込みや、人々を救う僧であるという自負が他力の教えにとってどんなに危険なことかを思い知っていた親鸞ならではの「かなしみなげき」が表明されている。

親鸞の批判精神は単なる自己反省や時代批判ではなく、如来の眼差しによる時機への悲しみ歎きであり、それへの応答である。（加来雄之）

学問するは心を直《なお》さんがためなり。

――叡尊《えいそん》（『聴聞集《ちょうもんしゅう》』）

「心を直さんがため」とは、表現自体がまことに曲者然《くせものぜん》としている。

心は放っておくといつの間にか無垢《むく》なものでなくなってくる。そう出来ているらしい。人間はいやでも生きている過程で余計なものを身につけねばならぬからである。身につけたものは失いたくない。そこで執着が生れるのである。

学問もまた同じであろう。知識がつきそれを内にとどめておくのは至難であるから、つい吹《ふい》聴《ちょう》する。これもまた執着である。

そういう執着からいさぎよく離別しなければ、本来の心のかたちは現われてはこない。学問とは、その意味では、心の錬磨にほかならないと叡尊（一一九三〜一二七二）は言うのである。

（小山榮雅）

蔵《くら》の財《たから》よりも身の財《たから》すぐれたり。身の財《たから》より心の財《たから》第一なり。

——日蓮《にちれん》（『崇峻天皇御書《すしゅんてんのうごしょ》』）

財産というたからより、健康というたからの方が大切である。健康というたからより、心が健全であるというたからの方が最も大事、という意である。

日蓮聖人《しょうにん》（一二二二〜一二八二）をとりまく檀《だん》越《のつ》のなかに、四條金吾《しじょうきんご》という武士があった。文永八年（一二七〇）九月十二日、斬首《ざんしゅ》の危機を迎えた日蓮聖人と、運命を共にしてもよいという強信の持ち主であった。しかし、非常に熱しやすく冷めやすい性分《しょうぶん》、仲間からの讒言《ざんげん》により主君江馬氏から謹慎処分を受けることとなる。

その時、日蓮聖人は崇峻《すしゅん》天皇が暗殺された例を出し、心ねを良くし、振舞に気を付けるように注意を促《うなが》し、心の行を修めることが最も肝要であると誡《いまし》めたのである。

（浜島典彦）

山水《さんすい》に得失なし、得失は人の心にあり。

――夢窓疎石《むそうそせき》（『夢中問答《むちゅうもんどう》』）

「仏法と世俗の事とに隔《へだ》てはないとする仏教なのに、なぜ俗事を捨てて、ひたすら仏法を求めよと勧めるのか」

と訊《き》いた足利直義《あしかがただよし》（尊氏《たかうじ》の弟）に、一般に「夢窓国師」と尊称される夢窓疎石（一二七五～一三五二）が答えたものである。

例えば山水を愛する者が、贅《ぜい》を尽くして立派な日本庭園を造る。しかし、そのためにどれほどの自然が破壊されたか知れないのである。また珍宝の収集を趣味として、珍石奇木を選んでは山水を造らせる者がある。真に自然を愛している訳ではない。己の私欲を愛しているのだ。

私欲は損得の心を増長させ、人を迷わせる。山水に損得があるからではない、人の心に損得がある故の迷いなのだ。

だから、まず俗事を捨てて法を求めよと説いた。

（形山睡峰）

ただ一所《ひとところ》に止《とど》めぬ工夫、是れ修行なり。心をばいづこにもとめぬが、眼なり、肝要なり。

――沢庵《たくあん》（『不動智神妙録《ふどうちしんみょうろく》』）

心は本来、我が身いっぱいに広がっているものである。その心を一所に止めずにおれば、本心（真心）になり、思いつめて一所に固まらせば、妄心（迷心）となる。心が思いの一方に偏《かたよ》れば、人の言うことを聞いても聞こえず、見ても見えない。心に物が有って邪魔をしているからだ。有るとは、思うことが有る。この有ることを去れば、無心となる。無心だから、心が自然に働き出てくる。

しかし、急に無心になろうとするのではない。常に一所に止めぬ工夫をしてゆくのだ。その止めぬとする心もまた、放ってゆく。すると、いつか無心が本心と納得されて、必要に応じて自在に働くようになってゆくのだとは、沢庵（一五七三〜一六四五）がくり返し語ったことである。

（形山睡峰）

一大事とは今日只今《こんにちただいま》の心なり。

――正受老人《しょうじゅろうじん》（『一日暮らし』）

ある人の話に「自分は一日暮らしということを工夫するようになってから、精神がすこやかになり、これこそが養生の要《かなめ》だと会得《えとく》した。日々は、今日一日だけよく勤めようと思って暮らせば、過ぎてゆくものだ。それを翌日はどうしてこうしてと、まだ来ぬ日のことを思い悩むから、その思いに捉われて今日のことが疎《おろそ》かになる。

どんな苦しみも一日と思えば耐えやすい。楽しみも一日と思えば溺れることがない。一日一日と思えば百年千年も勤めやすい。一生と思うから大層になる。死を限りと思って生きてゆけば、一生は尽くしやすいものだ」と。

正受（一六四二〜一七二一）は大いに納得して、

「一大事と申すは、今日只今の心なのだ」

と言った。

（形山睡峰）

心こそ　心まどわす　心なれ　心に心
こころゆるすな

――作者不明（古歌）

お釈迦さまは、人間の心の中には「無明《むみょう》」というにごりがあり、これが執着の心をつくり、苦しみを生むと教えられている。人間の迷いを解決するには、外にある原因を取り除くだけでなく、それに対応する心の中にあるにごりを取り除かねばならないのである。

仏教では、この心のにごりを取り除き、我執を取り除いて安心を得る行として、六波羅蜜《ろくはらみつ》（布施《ふせ》・持戒《じかい》・忍辱《にんにく》・精進《しょうじん》・禅定《ぜんじょう》・智慧《ちえ》）を説く。

心をまどわす原因であるにごりを取り除く行として、生活を正し（持戒）、聞法《もんぽう》精進し（精進）、坐禅瞑想し（禅定）、対話智（智慧）があり、我執を取り除いて安心を得る行として、耐えること（忍辱）と与えること（布施）がある。

（皆川廣義）

とらわれない心　偏《かたよ》らない心
こだわらない心　ひろく　ひろく
もっと　ひろく

――高田好胤《たかだこういん》

奈良の名刹・薬師寺の白鳳伽藍《はくほうがらん》復興という大事業をなしとげた高田好胤師（一九二四～一九九八）。この人が説法した相手の多さは、修学旅行生も加えて想像をはるかに越えていた。

大事なことを話す時は、つい力が入るものだが、この人は大事な話ほど砕いてわかりやすく

高田好胤

話せた。だから話に納得した十人に一人は間違いなく自分の損得だけにとらわれまいと心がけ、もう一人が会う人に笑顔を向けようとし、さらにもう一人が行き掛かりの事にこだわるまいと決意したことだろう。それでもこの人はまだ話し足りなかった。
　心を閉ざしがちな人、心の片寄りから立ち直れない人、つい、こだわってしまう人、そんな人を友として迎え入れて、やっと心のつながりを本物にできる。こう信じている温かさが話にこもっていた。

（寺林　峻）

5 世間

求むること有れば皆《み》な苦なり、求むること無くんば即ち楽し（有求皆苦《うぐかいく》　無求即《むぐそく》楽《らく》）。

――菩提達摩《ぼだいだるま》（『二入四行論《ににゅうしぎょうろん》』）

禅宗の開祖である菩提達摩（達磨、五～六世紀の人）が述べた説をまとめたとされる『二入四行論』に出てくる言葉。

達摩の説く四行（四つの実践）の第三「無所求《むしょぐ》行《ぎょう》」の箇所に、経典の言葉として引用されているが、その出典は定かでない。

菩提達摩

無所求行とは求めるところのない実践のことであり、達摩はものを求めない実践、ものに執着しない実践を勧めている。欲望の多い人は利を求める心が大きいから、苦悩もまた多くなる。欲望の少ない人はものに捕われないから、心がものに縛られず自由で安らかである。このため「希求《きぐ》すればすべて苦しい、希求しなければ楽しい」と示している。

道元も『正法眼蔵《しょうぼうげんぞう》』「弁道話《べんどうわ》」において「放てば手に満てり」と述べている。

（佐藤秀孝）

世間虚仮《せけんこけ》　唯仏是真《ゆいぶつぜしん》

——聖徳太子《しょうとくたいし》（『天寿国繍帳銘文《てんじゅこくしゅうちょう》』）

人の世は仮りで、真なる存在はただみ仏のみである。こんな響きのいい言葉を耳にすると、素直にうなずきたくなる。なにしろ今は、ごく平凡に暮らしていても、「世間は虚仮なり」の感慨を持たされることが少なくない。

自分を軸にして主張する暮らしに慣れていると、知らぬうちに大切な世間が、つい靄《もや》の中に霞《かす》んで行きかねない。やはり世間は虚仮で、もともと幻のようなのだろうか。つい、こう達観したくなるが、それでは聖徳太子（五七四～六二二）の真意からはずれていく。

この一文も世間虚仮の後に続く唯仏是真、つまり「この世で真なるものは、ただ仏のみ」の言葉に力点が置かれる。虚偽を含まない言葉と行いは敬いの心を誘い出さずにおかない。

（寺林　峻）

凡《およ》そ差別《しゃべつ》なき平等は仏法に順ぜず、悪平等の故に。また平等なき差別は仏法に順ぜず、悪差別の故に。

——最澄《さいちょう》（『法華去惑《ほっけこわく》』）

人やものごとの本質的平等と個別的差異の問

題にぶつかるとき、よく噛みしめるべき深い意味を持った言葉である。

現実の個々の違いを認めずに、すべてが平等であるというのは、仏法にかなっていない。個々のあり方の意味や価値を考えない誤った平等観だからである。逆にすべてが本質的に平等であるという洞察をぬきに、現実的差異をそのまま認めるのも、仏法にかなっていない。ものごとの差異を固定的にしかとらえられない誤った差別観だからである。

伝教大師《でんぎょうだいし》最澄（七六七～八二二）が仏の悟りの平等性に関連して述べた言葉だが、一切のものごとを先入観で決めつけず、仏ならどう見るだろうかと常に心をめぐらし、柔軟な判断をすることの大切さを教えてくれる。　（塩入法道）

月かげの　至らぬ里は　なけれども　ながむる人の　心にぞすむ
――法然《ほうねん》

「月かげ」と呼ばれるこの歌は浄土宗宗歌として多くの人に親しまれてきた。

古来、仏の光明を月の光に託した歌は多い。法然（一一三三～一二一二）も念仏一行《いちぎょう》を救いの行として定めた阿弥陀仏の大慈悲を月の光に託し、

「月の光はどんな場所も照らしているが、それに気づき、月を仰いで感謝する心が沸き起こった時、はじめて月の光を尊くいただくことができる。同様に、阿弥陀仏が放つ光明もあらゆる衆生を隔《へだ》てなく照らしているが、それに気づき、仏の救いを信じて南無阿弥陀仏

と念仏を称《とな》えた時、はじめて仏の光明に照らされた心安らかな日暮らしが送れ、その救いにあずかって浄土往生が叶うのである」

と諭《さと》された。

そう、今も月の光は私たちを照らしている。（林田康順）

酒飲むは、罪にて候《そうろう》か。答う。まことには飲むべくもなけれども、この世のならい。

——法然（『百四十五箇條問答《かじょうもんどう》』）

法然と帰依者との問答である。仏教徒の最も基本的な戒律である五戒の中に不飲酒戒《ふおんじゅかい》がある。百薬の長とはいえ、酒にまつわる悲喜劇は多い。それをお見通しで釈尊は酒を飲むことを戒《いまし》められた。

法然（京都・正林寺蔵）

とはいえ、そこは凡夫《ぼんぶ》のはかなさ。酒に手を伸ばしてしまう御仁も多かろう。阿弥陀仏はそんな人間の性《さが》をこれまたお見通しで、酒を飲む・飲まないにかかわらず、念仏を称《とな》えれば必ず浄土に救い摂《と》ろうと誓われた。

一天の戒師《かいし》と仰がれた法然には、釈尊や阿弥陀仏の思いが痛いほどよく分かる。「酒は飲まないにこしたことはない。しかし、そうは言ってもこの世のならい……」。慈悲深い法然による、この上ない快答である。

（林田康順）

世の中は　何にたとえん　水鳥の　はしふる露に　やどる月影

――道元《どうげん》（『道元禅師《ぜんじ》和歌集』）

この和歌は「無常」と題されている。

全ては「無常」であるということなら、誰でも知っている。けれどもそれだけでは「仏教」にはなっていない。仏教を素通りしている。その証拠に、言葉は理解しても、その人は「仏教者」にはなっていないではないか。月を指さす「指」を見て「月」を見ていないのである。仏教の「無常」を参究するには、「無我」と合わせて参究されなければならない。

この歌の意は、世の中のあらゆるものごとは、水鳥が嘴《くちばし》を振って飛び散った水滴に映じた月影のようなもの、一瞬の、無常のものだ、というのである。しかし一瞬のものであっても、その水滴には月（真実）が映っている。「かりそめ」のものではない、真実の姿であり、真実は無常である。

（能勢隆之）

極楽百年の修行は穢土《えど》の一日の功に及ばず。

――日蓮《にちれん》（『報恩抄《ほうおんしょう》』）

西方《さいほう》極楽浄土で積む百年の修行より、私たちの住むこの濁悪《じょくあく》の世界（穢土）で生活する一日の方が、修行という観点からすれば価値がある、という意の日蓮聖人《しょうにん》（一二二二～一二八二）の言葉である。

私たちの住む世界を「娑婆《しゃば》」というが、これはサンスクリット語「サハー」の音写であり、「忍土《にんど》」と意訳される。この世にはさまざまな障害や苦悩がある、しかし、私たちはそれを精神的にも肉体的にも乗り越えて行かなければならない。この世は修行の場であり、そのことを最もわきまえていらっしゃった方がお釈迦さまであり、それを超克する教えを示された。

お釈迦さまのことを「能忍《のうにん》」、よくしのぶ方ともいう。私たちはこの忍土で修行し、仏となる行を積まなければならない。

（浜島典彦）

当処即ち蓮華国《とうしょすなわれんげこく》　この身《み》即ち仏なり

――白隠《はくいん》（『坐禅和讃』）

白隠禅師（一六八五〜一七六八）はその著、『坐禅和讃』の結語に曰《いわ》く。この大乗の教え（一切衆生は皆、本来仏性《ぶっしょう》を具《そな》え持っているという教え）を聞いて、心底喜ぶものは福をうること限りないが、さらに窮《きわ》めて、自分の心がそのまま仏性の具体だったと悟るなら、即座に世の空理空論を離れ、世界の実相《じっそう》（あるがままの真姿）を見る。

仏性は刹那《せつな》も姿形を持たないから、実相はまた無相《むそう》である。それ故に、かえって一切を自在に在らしめて極まり無い。行くも帰るも歌うも舞うも、皆、仏性の無限な働きの中にある。

そう確信するなら、他に何を求めよう。今この場が仏国土であり、わが身が即ち仏性の具体なのだから、と。

（形山睡峰）

第六章

高僧の名言——「生き方」について

1 仏教的生き方

一つには功《こう》の多少を計《はか》り　彼《か》の来処《らいしょ》を量《はか》る

――南山道宣《なんざんどうせん》（『四分律行事鈔《しぶんりつぎょうじしょう》』巻下二）

中国律宗の開祖、南山道宣（五九六〜六六七）の『四分律行事鈔』巻下二に「五観《ごかん》の偈《げ》」として載る言葉。

五観とは出家者が食事を取るときに心を静めて思わなければならない五つのこと。禅宗でもこれを重視し、北宋代に雲門宗《うんもんしゅう》の長蘆宗賾《ちょうろそうさく》がまとめた『禅苑清規《ぜんねんしんぎ》』巻一の「赴粥飯《ふしゅくはん》」や、日本の道元の『赴粥飯法《ふしゅくはんぽう》』に引用され、実際にいまも禅寺の粥飯に唱えられている。

『赴粥飯法』の偈を訳せば、

「一つには食事が自分のもとに至るまでの多くの人たちの苦労を思うこと。二つには自分の行為を反省し、この食事をいただく資格があるかを思うこと。三つには貪《むさぼ》りや怒《いか》りの気持ちを離れようと思うこと。四つには食事とは身体を支える良薬であると思うこと。五つには仏道（目的）の完成を目指し、いまこの食事をいただくと思うこと」

いずれも飽食の現代人が忘れかけている重要な徳目といってよい。

（佐藤秀孝）

莫妄想《まくもうぞう》

――汾州無業《ふんしゅうむごう》（『景徳伝灯録《けいとくでんとうろく》』巻八）

「妄想すること莫《な》かれ」と読む。『景徳伝灯録』巻八の汾州無業（七六〇～八二一）の章によれば、唐代に馬祖道一《ばそどういつ》の弟子として活躍した無業は、修行僧が問いをなすと、大半は「莫妄想」と答えていたとされる。

妄想とは、二見《にけん》にわたる分別心《ふんべつしん》のことであり、現実からかけ離れた空想や夢想をしたり、考えても仕方のないことをあれこれと思い悩むことである。妄想せずに正念を起こすべきことを諭《さと》している。

同じ意味の言葉に「莫煩悩《まくぼんのう》」があり、「煩悩すること莫かれ」と読む。『元亨釈書《げんこうしゃくしょ》』巻八によれば、元寇《げんこう》（蒙古襲来）の際に執権《しっけん》の北条時《とき》宗《むね》は円覚寺の無学祖元《むがくそげん》より「莫煩悩」と諭され、自らの意を決したとされる。

（佐藤秀孝）

径寸《けいすん》十枚、これ国宝にあらず。一隅《いちぐう》を照らす、即ち是《こ》れ国の宝なり。

――最澄《さいちょう》（『山家学生式《さんげがくしょうしき》』）

直径三十センチもある宝玉であっても、それは国宝ではない。一隅にあって周囲を照らしている「人」こそが国の宝である。

伝教大師《でんぎょうだいし》最澄（七六七～八二二）が日本に真の大乗仏教を広めようとし、そのための人材を比叡山で養成しようとした意気込みを伝える言葉である。天台宗の新制度の許可を申し出た上表文『山家学生式』に述べられる。

　中国の故事を引用し、国や社会にとって大切なのは、あくまで人間であって物ではないということを強調している。しかもその「人」は大乗仏教の実践者であり、何時いかなる所にあっても、自らを磨きつつ周囲を明るく輝かせていくような心を持った人材でなければならないと伝教大師は言うのである。

（塩入法道）

人は阿留辺幾夜宇和《あるべきようわ》と云《い》う七文字を持つべきなり。

——明恵《みょうえ》（『栂尾明恵上人遺訓《とがのおみょうえしょうにんいくん》』）

　人はそれぞれらしく、いのちのありようを大切に調《ととの》えていこう。華厳僧《けごんそう》の明恵（一一七三～一二三二）は道場での厳しい修行を続けるかたわら、しきりにこう説く。だから「あるべきようわ」の七文字の言葉は、明恵にとって一心不乱で修法《しゅほう》して得られる、最も人間らしい心の調いとなる。そうなると一つの小さい心の調いは連なって、生き方は大きな宇宙の調いにまで重なっていく。

明恵

　すると自分の何がどう変わったのか。明恵はそれを一切、説こうとしない。言葉で説かないで、弟子らを率《ひき》いて街へ出て人への施しの行動に移る。会う人に教えを施し、誤りのない生き方を説き施していく。仏者の言葉は行動を得て光ることを明恵は自ら示している。（寺林　峻）

人は日夜の振る舞いが浄頗璃《じょうはり》の鏡に、映る事を思ふべし。

——明恵（『栂尾明恵上人遺訓』）

誰も見ていなかったから、また心の中で密かに思ったに過ぎないから、誰にも知られていないと思うのはよくない。すべては磨かれた鏡に映し出されるように明らかなのだ。

釈迦への帰依《きえ》に生きた華厳僧の明恵はいつも弟子らを、こう戒《いまし》めた。だから弟子の高信《こうしん》が仲間から聞き書きした『栂尾明恵上人遺訓』の中でも、このことが強調されている。

いつも自らを律し、自らの身と振る舞いを正し、陰ひなたなく清浄《しょうじょう》に過ごそう。そうしてこの一日、み仏に恥じることがなければ、あすには一歩、仏の心に近づける。常に釈迦の弟子らしくあろうと努めた明恵の言葉だけに、余韻もすがすがしい。（寺林　峻）

他はこれ吾《われ》にあらず。

——天童山《てんどうさん》の老典座《ろうてんぞ》（道元《どうげん》『典座《てんぞ》教訓《きょうくん》』）

これは天童山の老典座の言葉である。太陽の照りつける中で、老典座が汗をたらたら流して、キノコを日に晒《さら》している。歳は六十八、背は弓のようである。

その辛苦を思って道元禅師《ぜんじ》が「歳を取っておられるのに、どうして他の人にさせないのですか」と問われたのに対する答がこの言葉である。

更に禅師が「日の照りつける中でなされなくてもよくはありませんか」と言われると、「更に何の時をか待たん」と答えられた。他人は自分ではない。自分の渇きは、自分で飲んで癒すしかない。自分と他人とは互いに代用はきかない。自分の行は「自分」が「今」行ずる以外にない。「また何時《いつ》か」「誰かがする」ではない。

（能勢隆之）

脚下照顧《きゃっかしょうこ》・照顧脚下《しょうこきゃっか》

——説者不明（『嘉泰普燈録《かたいふとうろく》』）

足もとを照らし顧みよ、という意味である。

脚下とは自己の存在の根源を指す。根源を見よ、というの意味である。この語は『嘉泰普燈録』にあるが、中国ではこの意味で使われ、用例も少ない。

ところが日本では、足もとである履《は》き物をそろえよ、という意味でよく使われる。これは中国等では建物の中でも履き物を履いているが、日本では玄関で履き物を脱ぐからであろう。そこで履き物のつま先を外に向け、きちんとそろえて脱ぐことを、日本の寺院では厳しく躾《しつ》ける。

履き物をそろえるくらい、と思ってはいけない。誰にもできるその些細《ささい》なこと、自分の足もとを離れて仏道があるのではない。脚下を履き物という日常の具体物に取って、それが自己の根源を照顧する仏道に他ならないと教える。

（能勢隆之）

我《われ》日本の柱とならむ、我日本の眼目《がんもく》とならむ、我日本の大船とならむ。

――日蓮《にちれん》（『開目抄《かいもくしょう》』）

「三大誓願」ともいい、日蓮聖人《しょうにん》（一二二二～一二八二）が佐渡《さど》配所《はいしょ》にあって認《したた》めた『開目抄』にある言葉。

日　蓮
（京都・本満寺蔵）

この文章の裏にあるキーワードは「継承」である。

『開目抄』の冒頭には、世の人々が尊敬しなければならない徳目に主《しゅ》・師《し》・親《しん》の三徳をあげ、それを有した方がお釈迦さまであることが示される。

そして、三徳を有したお釈迦さまのことを「大導師・大眼目・大橋梁《きょうりょう》・大船師《せんし》・大福《ふく》田《でん》」といい表わし、自ら誓願を発《おこ》した時「柱・眼目・大船」と表現されている。

このような表現形態をとったのは、お釈迦さまがインドに応現《おうげん》されて『法華経』を説き、仏滅後その布教者を求めた意思に応《こた》え、日本（娑《しゃ》婆《ば》世界）においては私（日蓮）が務めると誓った継承の表明と解すことができる。（浜島典彦）

吉凶《きっきょう》は人によりて、日によらず。
——吉田兼好《よしだけんこう》（『徒然草《つれづれぐさ》』）

『徒然草』の著者・吉田兼好（一二八三頃～一三五〇以後）は、人類が考える吉凶の日などの定めに対して、鋭い眼で合理的に批判した仏教者であった。

人間の心には、どんな危機でも、それをマイナス（凶）なものとして受容するだけでなく、プラス（吉）に変えてゆく能力がある。お釈迦さまが、老病死の苦しみを求道《ぐどう》の力とし、六年の修行の後に菩提樹《ぼだいじゅ》下の悟りによって安心や生きがいに変えられたのも、この心の能力によるのである。

ことのよしあし（吉凶）は、日のよしあしで決まるのでなく、それに対する人の心によって、プラスにもなりマイナスにもなるのである。

（皆川廣義）

仏法には明日《あす》と申すことあるまじく候《そうろ》ふ。仏法のことはいそげいそげ。
——蓮如《れんにょ》（『蓮如上人御一代記聞書《ごいちだいきききがき》』）

蓮如（一四一五～一四九九）が、明日という日はないと思って、油断なく、事ごとに仏のはたらきを感じる生活をするようにさとす中に出る言葉である。

仏法は、今ここにこうしている私の事実、人生においてなくてはならない根本問題を明らかにしている。

だからこそ仏法のことを先送りすることほど、生きるという真実そのものから遠いことはないのである。

「いそげいそげ」とは、ただ今・ここにおいて仏に成る確信をえなくてはならないという促しであろう。

蓮如は、この言葉以外にも折りにふれて、「今日の日はあるまじきと思え」「ただよろずにつけて油断あるまじき」などと語っていたことが伝えられている。

（加来雄之）

八万の法蔵《ほうぞう》を知るというとも、後世《ごせ》を知らざる人を愚者とす。

――蓮如（『御文《おふみ》［御文章《ごぶんしょう》］』）

「八万の法蔵」とは、仏教の法門の数を示す。仏教は知識ではない。どれほど仏教の知識があっても、「後世」、つまり現世（この世の問題）以上のことに無関心であれば、そのようなあり方をする人は愚かなものというしかない。人はどれほど知識を積み重ねても救われることはない。

この句は、「たとい一文不知《いちもんふち》の尼入道《あまにゅうどう》なりというとも、後世をしるを智者とすといえり」と続く。「一文不知の尼入道」とは、文字も読めない女性の修行者のことで、当時、宗教的知から排除されていた人々を代表している。

ここには二つの知のあり方が対比的に示されている。ひとつは「ものをしる」という知識であり、ひとつは「ふかくたのむ」という信知である。

（加来雄之）

気《き》は長《なが》く　つとめはかたく　色《いろ》うすく
食細《しょくほそ》うして　心《こころ》ひろかれ

——天海《てんかい》（『慈眼大師文書纂《じげんだいしもんじょさん》』）

黒衣の宰相《さいしょう》として、家康・秀忠・家光の徳川将軍三代に仕《つか》えた慈眼大師天海（一五三六〜一六四三）は、今日にあっても希《まれ》である百八歳の超人的長寿を保ったとされ、さまざまなエピソードに彩られた傑僧である。

その天海が、長生きの秘訣を問われて答えたという歌がこれである。

いちいちもっともであり、現代における心身の健康法の基本としてもそのまま通用する。天海は九十六歳の時、家康の十七回忌の法要に導師として臨《のぞ》んだが、視力衰えず、歯はなお落ちず、壮年を凌《しの》ぐ活力があったという。その天海の言葉であるのでますます説得力がある。

ところでこの言葉のうらには、戦乱が治まり泰平の世を迎えた時代の、何かゆとりのようなものも感じられる。

（塩入法道）

己《おのれ》を忘れて、己を忘れざれ。

——鈴木正三《すずきしょうさん》（『盲安杖《もうあんじょう》』）

仏教の要は「無我」である。「我」とは、「思いどおりになる主体」である。皮膚一枚の内側を他の一切から区別し、それを「思いどおりになる主体」＝「我」と思っている。歩こうと思えば歩ける。それができなければ「我」ではない。

ところが歩けたのは自分の力ではない。歩こうとして歩けない人、歩けない時がある。歩いたのは自分の力だが、自分の力以外の力＝「他力」によっているのである。

「他」と言っても自分以外の何かの存在があるというのではない。「我」が存在しないこと＝「無我」が示されている。これが明らかになるとき「己を忘れ」ることができる。

しかしそれは自己の主体性をなくすること、「己を忘れる」ことではない。無我を明らめ我《が》執《しゅう》を忘れる時、初めて我に惑わされない本当の「己」に生きることができる。（能勢隆之）

この糞袋を何とも思わず打ち捨つることとなり。これを仕習《しなら》うより別の仏法を知らず。

――鈴木正三（『驢鞍橋《ろあんきょう》』）

糞袋とは臭皮袋《しゅうひたい》とも言われ、人の皮一枚の内側は、汚物が詰まった、汚い欲望の塊《かたまり》である。この糞袋を「我」（自分）と思っている。

「我」の思いが生ずると、「我」を益《えき》するものを得、損するものを排除しようとする活動が始まる。エサの取り合いと背比べで互いに傷つき傷つけ合って苦しみ悩む罪深い行動である。

しかしこの「我」は、本当は存在せず、人の

鈴木正三

妄想でしかない。この妄想の「我」に私たちは惑わされ、振り回され、苦しめられている。仏道は「我」が

妄想であることを明らめるところから始まる。

これが明らかになれば、妄想の我、この糞袋を捨てて、我の重荷を卸《おろ》し、我から解放された広い世界が開ける。これに習熟するより他に、別の仏法はない。

（能勢隆之）

凡《およ》そ大人《たいじん》たる者は、言語《げん ご》少《すくな》き習《なら》いじゃ。

——慈雲《じうん》（『十善法語《じゅうぜんほうご》』）

言語は意思を伝達する一つの有効な手段にはちがいないが、それに頼りすぎると、意図がうまく伝わらないことが多い。そのことで誤解が生れ、それを解こうとして多弁になると言い訳が生れるのみならず、信用にキズがつく。

言語はもともとそういう悪循環をおこし得るふたしかな要素を持ち合わせている。心の正体は言語では説明がつかない。信仰は心の状態を言うのであるから、言語では伝えられないと慈雲（一七一八～一八〇四）は言うのである。

（小山榮雅）

慈　雲
（滋賀・石山寺蔵）

天命《てんめい》に安《やす》んじて人事《じんじ》を尽くす。

——清沢満之《きよさわまんし》（『転迷開悟録《てんめいかいごろく》』）

清沢満之（一八六三～一九〇三）の一九〇〇年頃の手記に出る言葉。

当時、彼は短い生涯の最後を真宗大谷派の教育にささげるため結核の身をおして東京に出ていた。この手記では仏教的観点から世間の有我《うが》論が批判されているが、ここでも人口に膾炙《かいしゃ》している「人事を尽くして天命を待つ」という句の順序を逆転させて他力《たりき》仏教の真髄を表現している。

その理由を、

「天命に安んじることはもちろんですが、人事を尽くすことまでもがすべて天から与えられた賜《たまもの》ですから、まず天命に安んじないならば人事を悉《つく》すこともできないからです」

と記している。

清沢がいう「天命」は絶対無限のはたらき、つまり如来の勅命《ちょくめい》（絶対的な呼びかけ）のことである。

（加来雄之）

陰徳《いんとく》をつめ。

――山本玄峰《やまもとげんぽう》

「外の掃除がきれいにできんようじゃ、心の掃除はできん。掃除しても隅々《すみずみ》までやることじゃ。役員の人なども、便所などは自分が掃除する。下の者を引き立て引き立て、なるべく新参者には用をさせないようにして、徳を積む。力をもって争う者は滅びる。いくらうまいことやったって徳がなかったら、何一つ成就《じょうじゅ》することはない。徳を積むということは、陰徳で、人の見えんように徳を積んでゆく。人の見えるようなことは、だれでもする。そうやって、一切衆生の模範となってゆかんならん」と。

我々は、見えるところと見えないところが一体になっての存在である。陰徳を積むことほど、運命を好転させることはない。（形山睡峰）

得は迷い、損は悟り。

——澤木興道《さわきこうどう》

無所得無所悟《むしょとくむしょご》（得る所なく悟る所なし）ということを、これほど見事に言った言葉はないであろう。

あらゆる行為は必ず「有所得《うしょとく》」である。何かの為《ため》であり、得られる何かがある。何も得られなければ為す意味がない。従って坐禅も、無所得のはずが、何かの為の、有所得の行為となっている。それでは仏行《ぶつぎょう》ではない。

澤木興道

「坐禅してさえ、まだ悟りたいか！」と言われる。有所得を放棄したのが坐禅なのに、なお求めているのだ。「何の為に坐禅をするのですか」と問うと「何の為でもない」「坐禅しても何にもならん」と答えられる。何の為でもなく、無条件に「ただ」坐る、それが只管打坐《しかんたざ》である。

そこで自分が得をしているなら迷い。仏道では全くない。この言葉は自分の修行を試すリトマス試験紙である。

（能勢隆之）

2

信心・信仰

弥陀《みだ》の五劫思惟《ごこうしゆい》の願をよくよく案ずればひとへに親鸞一人《いちにん》がためなりけり。

——親鸞《しんらん》（『歎異抄《たんにしょう》』）

『歎異抄』のあとがきに「〔親鸞〕聖人《しょうにん》のつねのおおせ」として出る印象的な一句。

「弥陀の五劫思惟」とは、阿弥陀仏が菩薩であったときに五劫という長い時間をかけて本願を選び取ったことをいう。

そのご苦労を外にみるのではなく、どこまでも自分のうえにはたらくものとして受けとめる、親鸞（一一七三〜一二六二）の主体的な姿勢がよくあらわれている。

「本願をよくよく案ずる」という態度こそ、私たちの勝手な解釈を破り、弥陀の本願を「一人のためであった」と主体的に受けとめてゆく方法なのであろう。ここに仏智に照らされる一人が誕生する。

『歎異抄』の著者は、この言葉を親鸞の求道《ぐどう》の原点に帰っていくための指標として耳の底にとどめていたにちがいない。

（加来雄之）

善人《ぜんにん》なほもつて往生《おうじょう》をとぐ、いはんや悪人《あくにん》をや。

——親鸞（『歎異抄』）

『歎異抄』第三章の冒頭におかれたあまりにも有名な一句。

「悪人でもすくわれる」ではなく、「悪人こそすくわれる」という表現は親鸞の深い宗教性をあらわすものとして親鸞思想の旗印《はたじるし》となっている。

この善悪に縛られた私たちの価値観をひっくり返す衝撃的な言葉が、実は親鸞のオリジナルではなく、もと師・法然の言葉にあったことが指摘されている。

しかしここでいう「善人」を「自力作善《じりきさぜん》の人」として、「悪人」を「煩悩具足《ぼんのうぐそく》のわれら」であるとして受けとめ、また往生ということを実現する核心が善悪にではなく、悪人が成仏するための本願を信じること、つまり「他力をたのむ」か、たのまないかにあることを明確に言い当てたのは親鸞であった。

（加来雄之）

たとひ法然上人《ほうねんしょうにん》にすかされまいらせて、念仏して地獄におちたりとも、さらに後悔すべからずさふらふ。

——親鸞（『歎異抄』）

親鸞の言葉として『歎異抄』第二章に伝える有名な一句。

宗教は自分を地獄の運命から救いだしてくれるものだというような功利的な宗教観を打ち破

る衝撃力をもつ。

あるフランス人女性は、この言葉にふれて深く感動し、ただ独り、親鸞に会うために日本に来たという。

法然上人にだまされても後悔しないとは、単に法然のファンになったということではない。親鸞は法然とともに専修《せんじゅ》念仏弾圧の嵐のなかに立つし、そのことを、

「予《よ》は其《そ》の一人なり」

と誇りをもって語った。

この一句で忘れられがちなのが「念仏して」の一言である。「ただ念仏」という人生になくてはならない道が与えられたからこそ、地獄に落ちても後悔せずといえたのである。

（加来雄之）

源《みなもと》遠ければ流れながし。

――日蓮《にちれん》（『報恩抄《ほうおんしょう》』『四条金吾殿御返事《しじょうきんごどのごへんじ》』）

水源地が遠くにあれば河川の流れも長くなる。物事の真理が奥深ければその中身も濃いものとなる、という意である。

この前文には、

「根ふかければ枝しげし」

とあり、植物の根が地中深く張っていればその枝や葉は繁茂《はんも》するという意で、「源遠流長《げんおんるちょう》」と同意の文章である。

日蓮聖人《しょうにん》（一二二二～一二八二）は、根浅く源近い教えは一切経のほとんどであり、根ふかく源遠い教えは『法華経』であるとされている。

『報恩抄』では、お釈迦さまのみこころを汲み取った私（日蓮）の慈悲が広大無辺ならば、

根ふかく源遠い『法華経』、お題目（南無妙法蓮華経）の教えは万年、そして未来永劫《みらいえいごう》に伝わり、全ての人々を救うことになろう、と述べている。

（浜島典彦）

臨終《りんじゅう》まつことなし、来迎《らいこう》たのむことなし。

——蓮如《れんにょ》（『御文《おふみ》［御文章《ごぶんしょう》］』）

親鸞の教えが、臨終のすくいにではなく、平生《へいぜい》のすくいにあることを強調するために蓮如（一四一五～一四九九）が『御文』に引用する親鸞の手紙の一節。

蓮如はいう。浄土真宗においては、往生《おうじょう》は「摂取不捨《せっしゅふしゃ》の光益《こうやく》」によって成り立つのであり、命の終わりに臨んでの来迎など必要としない。つまり往生とは、阿弥陀如来の智慧に照らされながらこの現実を生きてゆくという人生の獲得である。

蓮如は親鸞の手紙（『末灯鈔』第一通）を、「来迎は諸行往生《しょぎょうおうじょう》にあり。真実信心の行人《ぎょうにん》は、摂取不捨のゆえに正定聚《しょうじょうじゅ》（かならず仏となるべきあり方）に住す。正定聚に住するがゆえに、かならず滅度《めつど》に至る。かるがゆえに臨終まつことなし、来迎たのむことなし」と取意することによって、その往生理解の独自性を際立《きわだ》たせたのである。

（加来雄之）

本尊は掛けやぶれ、聖教《しょうぎょう》はよみやぶれ。

——蓮如（『蓮如上人《しょうにん》御一代《ごいちだい》記聞書《ききがき》』）

「ご本尊は、お軸の紙が擦《す》り切れて破れるほ

蓮如

ど繰り返し掛けて報謝《ほうしゃ》につとめよ、ご聖教は、書物が擦り切れて破れるほどよく読んで、そのおこころをいただけ」

本尊・聖教は、聞法《もんぼう》の糧《かて》であるにもかかわらず、それを宝物のように大事にしまって置くことの無意味さをさとした一句である。

このように蓮如は、本尊と聖教とを対句にして語ったという。ここにいう本尊とは、蓮如が書き与えた南無阿弥陀仏の六字の名号《みょうごう》であろう。

名号は人生においてもっとも根源的な呼びかけをあらわしている。また聖教とはその名号の意味について解き明かす教えのことである。この二つが真の門徒を生みだし、その聞法生活を支える源泉だという確信が蓮如にはあった。

（加来雄之）

信《しん》は道の元なり。疑《ぎ》は道の決なり。

——元政《げんせい》（『草山要路《そうざんようろ》』序）

信心は仏道に入るための根本であり、決疑《けつぎ》（信心の善悪を定める）は仏道を決めるよりどころとなる、という意である。

深草元政《ふかくさげんせい》上人（一六二三〜一六六八）は、京都洛南深草に庵《いおり》（称心庵《しょうしんあん》）を結び、求道者の道標、出世の要路、仏道修行・学問の指針等を示して集まった人々を指導したり、さまざまな分野の人たち、著名な文人墨客《ぶんじんぼっかく》と交わって彼らに影響を及ぼしたりした。

ことに、仏道修行を目指す僧への根本的な指針をまとめた書が『草山要路』で、十科から成っている。その一に「起信《きしん》」、二に「決疑」があり、「信心を起こす」「信心の善悪を定める」ことは仏となる肝要な徳目であるとした。

（浜島典彦）

信に死して願に生きよ。

――曽我量深《そがりょうじん》（『曽我量深選集』第十二巻）

近代真宗学を確立した曽我量深（一八七五〜一九七一）の論文や講演の題目には一度聞くと忘れられない印象深いものが多い。この言葉も親鸞七百回御《ご》遠忌《おんき》の記念講演会の講題であった。善導《ぜんどう》大師《だいし》の「前念《ぜんねん》命終《みょうじゅう》、後念《ごねん》即生《そくしょう》」の文を、親鸞が

曽我量深

「本願を信受するは前念命終なり、即得往生は後念即生なり」と「魂の命の終わり」として受けとめた意味を明らかにしようとするものである。

「信に死し」という絶対否定がなければ魂の新生はない。「願生《がんしょう》」は文法的には「生まれることを願え」としか読めない。それを曽我が「願に生きよ」と読んだとき、願を担《にな》って生き

るものが誕生するという積極的能動的な宗教的生の理解が打ち立てられたのである。

この表現によって浄土真宗の教学は新しい地平を獲得したといえよう。

（加来雄之）

第七章

高僧の名言
――「悟り・救い」について

1 仏道

一日作《な》さざれば、一日食《く》らわず（一日不作　一日不食）。

——百丈懐海《ひゃくじょうえかい》（『祖堂集《そどうしゅう》』巻一四）

「一日働かなかったら、一日食べない」の意。唐代に活躍した馬祖《ばそ》門下の百丈懐海（七四九～八一四）は洪州《こうしゅう》（江西省）の百丈山において農耕など作務《さむ》を重んじ、修行僧の生活規定である『百丈清規《しんぎ》』を定めたことで名高いが、『祖堂集』に、

「凡《およ》そ日に給し労を執るに、必ず衆に先んず。主事、忍びず、密《ひそ》かに作具《さぐ》を収めて息《やす》まんことを請う。師云《いわ》く、『吾れ徳無し、争《いか》でか合《まさ》に人を労すべけん』と。師、遍《あまね》く作具を求むるも、既に獲《え》られず。而《しこう》して亦《ま》た喰《くら》うことを忘る。故に『一日作さざれば、一日食らわず』の言有りて、寰宇《かんう》（世界）に流播《りゅうは》す」

とある。修行僧らとともに作務を行えなかった日、懐海は自らの意志で食事を取らなかったとされる。

この言葉は他に対する強制と解するべきではない。一日なすべき務めを果たしていないか

ら、一日は食べない、という自らへの内証《ないしょう》の言葉としてとらえるべきである。（佐藤秀孝）

国宝《こくほう》とは何物《なにもの》ぞ、宝とは道心《どうしん》なり、道心あるの人を名づけて国宝となす。

――最澄《さいちょう》（『山家学生式《さんげがくしょうしき》』）

国宝と言えばふつうは文化財のことを思い浮かべるであろう。すなわち「物」である。

しかし伝教大師《でんぎょうだいし》最澄（七六七～八二二）は、道心を持つ「人」が国宝であるという。そこには平安初期、比叡山に新しい大乗仏教の道場を創立した伝教大師の思いが率直に表われている。天台宗を真に独立させるための諸制度の認可を朝廷に申し出た上表文『山家学生式』の冒頭に述べる言葉である。

道心とは仏道を求める心で菩提心《ぼだいしん》ともいう。自己を高め他を教化しようとする大乗仏教の実践者の根本的な心構えが道心なのである。

そのような求道《ぐどう》心をいだいた人々を比叡山で育成し、日本の宗教的指導者としていくことが伝教大師の悲願であった。（塩入法道）

道心《どうしん》の中に衣食《えじき》あり、衣食の中に道心なし。

――最澄（『伝述一心戒文《でんじゅついっしんかいもん》』）

道心とは仏道を求める心である。ひたすら仏道をあゆむ精進努力のなかに、おのずから生活の糧《かて》は得られるのであって、衣食が足りたからといって仏道を求める心がおこるわけではない。

伝教大師最澄の弟子、光定《こうじょう》によって残された大師の入滅直前の言葉である。世間的名声や経済的安定に走ることを戒めた遺言といってよい。平易な言葉のなかに伝教大師のひたむきな求法《ぐほう》の姿勢がしのばれる。

比叡山は時に権勢を振うこともあったが、心ある学僧、修行僧は歴史を通じて清貧にあまんじ修学を続けた。そこから日本の宗教界をになう多くの人材を輩出してきたのである。それはこの言葉の精神が脈々と受け継がれてきたことの証しでもあろう。

（塩入法道）

虚空《こくう》尽き　衆生《しゅじょう》尽き　涅槃《ねはん》尽きなば
我が願いも尽きん

――空海《くうかい》（『性霊集《しょうりょうしゅう》』）

この世のすべてのものに、仏の教えである「悟りの世界」を説きつづけようと願う心は、この苦しみの世がつづくかぎり、苦しみを克服しようとする人々がいるかぎり、悟りの世界こそが人間の心をゆるぎなく安楽にする最大の目的であるかぎり、決してつきることはない、と言うのである。

これは空海（七七四〜八三五）の「誓願《せいがん》」である。

多くの人々が立ち向かっている苦しみと、自分が追求してやまない仏の教えの実践とは、そのまま仏の道であり、切りはなして理解することはできない。

これは、仏の教えを信じる人々の、ゆるぎない、共通した課題である。

（小山榮雅）

市中《しちゅう》も是《こ》れ道場。

――空也《くうや》

市聖《いちひじり》・市上人《いちしょうにん》と称された空也（九〇三～九七二）は、若年から寺に留まることを嫌い、念仏を称《とな》えながら諸国を経巡《へめぐ》った。行く先々で、橋を架《か》け、道路を造り、井戸を掘り、死骸を荼毘《だび》に付すなど社会事業に尽力し、庶民を中心に幅広い帰依者を得た。

空也が実践した口称《くしょう》念仏は、いつでも・どこでも・誰にでもできる。空也は、橋・道・井戸を造りながらも念仏を称えていたであろう。空也にとっては、寺に籠《こ》もって経を読み、学問を修めるよりも、市中での実践こそ仏教者が歩むべき衆生救済の道であり、まさに市中こそ道場に他ならなかった。

そんな空也の念仏の声は人々の心に深く響き渡ったであろう。民間念仏信仰の祖と仰がれる由縁《ゆえん》である。

（林田康順）

空也（京都・六波羅蜜寺蔵）

仏道をならうというは自己をならうなり。自己をならうというは自己をわするるなり。

――道元《どうげん》（『正法眼蔵《しょうぼうげんぞう》』「現成公案《げんじょうこうあん》」の巻）

「ならう」は倣う・習う、両方に通ずる。倣うは模倣。仏を手本に真似《まね》をする。仏道はそこから始まる。習うは習学。それを繰り返すことによって教えられ学ぶ。その実践である。

その「仏道をならう」ことは「自己をならう」ことと言われる。すなわち「自己」を学ぶことで、学道は「自己」を離れてはあり得ない。

その「自己」とは何であろうか。先ず「自分」と言っているものの正体を明らかにしなければならない。それは自分個人のことであり、妄想された幻想でしかないが、その妄想の「自分」に縛られ振り回され苦しめられている。

その自分の姿に目を向けると、それは尽十方界の「自己」の姿であり、その中に妄想の自分は解放され「わすれ」られる。

（能勢隆之）

正師《しょうし》を得《え》ざれば学ばざるに如《し》かず。

——道元（『学道用心集《がくどうようじんしゅう》』）

正師を得ないなら、学ばないにも劣る、の意味。

仏法は「仏の法」であって「凡夫《ぼんぷ》の法」ではない。凡夫が仏法を求めても、それは全て「凡夫の法」であり、「仏法」ではない。独学我流では百人が百人必ず誤る。そこで正師が必要になる。

だが誰が正師なのか。自分に仏法の眼《まなこ》がなければ誰が正師か分からず、正師は得られない。正師がなければ、仏法の眼は得られない。この循環となる。

いかなる権威も、正師の真の証明にはならない。それでも、いやそれ故にこそ、古人は草鞋《わらじ》をはき拄杖《しゅじょう》をたよりに梯山航海《ていざんこうかい》して正師を求めた。正師を得たことは正法を得たこと。正法を得たとき正師を得たことになる。

この言葉は、参学の厳密性を要求する重要な言葉である。

（能勢隆之）

愛名《あいみょう》は犯禁《ぼんきん》よりもあし。

――道元（『正法眼蔵』「行持《ぎょうじ》」の巻）

名聞利養《みょうもんりよう》（略して名利《みょうり》）は人の最も求めるものである。

出世をしたい、誉められたい、というのが名聞。金持ちになりたい、得をしたい、というのが利養である。「貪名愛利《とんみょうあいり》」と言われ、道元禅師の最も誡められるものである。

この心は誰にでもある人間くさい心である。甘い蜜に似て、人の心に忍び込み、しつこく誘惑する。

愛名（貪名と同じ）は我執を本とする。「我」というものは存在しない。想念上の泡沫に過ぎない。千年の闇も光には消え去らねばならないように、我は消え去らねばならない。それを明らめるのが仏道なのに、名を求めることは仏道には致命的である。

犯禁とは禁戒《きんかい》を破ること。これは一時の非だが、愛名は仏道に根本的致命的に反する。

（能勢隆之）

未《いま》だ道を得ざるに、一時《いっとき》坐禅すれば一時の仏なり、一日坐禅せば一日の仏なり、一生坐禅せば一生の仏なり。

――円爾弁円《えんにべんねん》（『聖一国師法語《しょういっこくしほうご》』）

仏心を悟らなくとも、もし一時でも坐禅したなら、その一時が仏の行である。一日坐禅したなら一日の仏、一生坐禅したなら一生がそのまま仏の行になってゆくのだと、円爾弁円＝聖一国師（一二〇二～一二八〇）は言われた。

坐禅は、見たり聞いたり思ったりする、その念《おも》いの源を尋ねて、そこに無心の働きを発明してきた道である。私どもは、「己が」と知るところに自分があると思うが、本当は思わないで生きている部分が一日の大半を占めている。寝ること覚めること手足が動くこと血流が巡ること等々、己の思いが自由になったことなど一度もない。

坐禅してその事実を納得するなら、悟らずとも、刻々が仏である。仏とは無心の当体であれば也。

（形山睡峰）

悪よりも善根《ぜんごん》にて悪道に堕《おつ》べき時刻也。

——日蓮《にちれん》（『南條兵衛七郎殿御書《なんじょうひょうえしちろうどのごしょ》』）

末法《まっぽう》の世になると、仏法の解釈を間違い、善根を積んでいるようであっても、実はそうではなく却《かえ》って悪道に堕ちてしまう結果になっているという意である。

正法《しょうぼう》・像法《ぞうほう》の時は、五濁《ごじょく》（①劫濁《こうじょく》＝時代の濁《にご》り ②煩悩濁《ぼんのうじょく》＝悪徳がはびこること ③衆生濁《しゅじょうじょく》＝人々の心身が弱くなること ④見濁《けんじょく》＝思想の乱れ ⑤命濁《みょうじょく》＝寿命が短くなること）がさほどでもないが、末法に入ると五濁のなかでも思想の乱れである見濁がとても盛んとなる。

その結果、正しい教えが破壊されるため、世間の法を破って悪道に堕ちる者より、仏法の間違いによって悪道へと堕ちる者が多くなると、日蓮聖人《しょうにん》（一二二二〜一二八二）はいっているのである。

（浜島典彦）

愚人《ぐにん》にほめられたるは第一のはぢなり。

――日蓮（『開目抄《かいもくしょう》』）

愚かな者から褒《ほ》められることは、最も恥ずべきことと心得なければならない、という意である。

お釈迦さまは在世時にインドの宗教家たちから大悪人と罵《ののし》りを受け、天台大師《てんだいだいし》智顗《ちぎ》は江南《こうなん》・江北《こうほく》の十人の学僧から批判を受け、伝教大師《でんぎょうだいし》最澄《さいちょう》は南都六宗の学僧から「中国に渡っても都を見ていない」と嘲笑された。これらの罵りや批判や嘲笑は、みな『法華経』のために受けた悪口であり、決して恥になるものではない。

却って、愚人に褒められることの方が恥となる、と日蓮聖人は述べている。

真実を伝える時には必ず批判があり、批判がなければ真実ではない、ただ褒められるばかりの時は真実ではない、ということである。

（浜島典彦）

仏界は入り易く魔界は入り難し。

――雪江宗深《せっこうそうしん》（『雪江禅師語録《せっこうぜんじごろく》』）

仏界は仏心を悟って迷いの無くなった世界、魔界は迷い苦しみながら生きる、我々の現実世界のことである。

この言葉、一般は逆に思う。魔界は日常茶飯だが、凡人が仏界に入るのは難しいと。だが、もし雪江（一四〇八〜一四八六）の言葉の真意が心底納得できれば、些《いささ》か仏心を悟る者である。

修行中の者は、悟ることの困難に辟易させられるから、悟ったらもう安心のど真ん中で、自在に生きられると思う。そうではない。修行の困難もさることながら、悟った後の、その悟性を迷い苦しみの世界に生かしてゆくことの困難は、修行中の比ではない。

古人も「君がため（仏心を自在に使わんとして）幾たび死ぬような思いで苦心したか知れない」と述懐してきたのである。

（形山睡峰）

たとい牛盗人《ぬすびと》とよばるとも、仏法者後《ご》世者《せしゃ》とみゆるようにふるまうべからず。

——蓮如《れんにょ》（『御文《おふみ》〔御文章《ごぶんしょう》〕』）

「たとえ牛を盗むようなものと呼ばれることがあっても、仏法を求めている人とか後世をいのる人だと見られるように振る舞ってはいけない」

この文はもと親鸞の曾孫《ひまご》であった覚如《かくにょ》が『改《がい》邪鈔《じゃしょう》』で親鸞みずからの生き方を語った仰せとして伝える。

親鸞は、師・法然の「浄土宗のひとは愚者になりて往生す」という仰せを最晩年まで肝に銘じていたように、どこまでも群萌《ぐんもう》の一人として生きようとした。それはいわゆる謙遜とか奥ゆかしさとは無縁である。外に賢善《けんぜん》のすがたをあらわす偽善は、本願他力をたのむというもっとも大事な生のあり方を見失わせることになる。

蓮如（一四一五～一四九九）は、この言葉を親鸞の「さだめおかれし御掟」として語った。

（加来雄之）

威儀即仏法《いいぎそくぶっぽう》・作法《さほう》これ宗旨《しゅうし》

（曹洞宗の用語）

威儀は、礼儀にかなった立ち居ふるまい、所作《しょさ》。その所作がそのまま仏法であり、その外に仏法があるのではない。

作法は、動作の法式。それをきちんと行うことが仏祖の宗旨そのものである、という意味でよく使われる。

道元禅師《ぜんじ》の『正法眼蔵』「行仏威儀《ぎょうぶついぎ》」の巻には、

「諸仏かならず威儀を行足《ぎょうそく》す。これ行仏なり」

とある。威儀とは、坐禅を行ずることである。その行がそのまま仏である。それで行仏と言われる。行じている仏、行が仏の意味で行仏である。

坐禅だけが行ではない。遇一行修一行《ぐういちぎょうしゅいちぎょう》（一の行に遇《お》うては、一の行を修す）。その時その時の為すべきことを全て仏道として行ずる。食事も、睡眠も、草取りも、あらゆることが仏道である。それを他にして仏を求めても、そこに仏はない。

（能勢隆之）

仏法は見渡しのきく所に立って、低い所で乱れぬことである。

――澤木興道《さわきこうどう》

どこかに「法界一覧底《ほっかいいちらんてい》」という額が掛かっていた。そこから澤木老師（一八八〇～一九六五）は、この言葉を言われたようである。

私が悩むのは、「自分」を認め執しているか

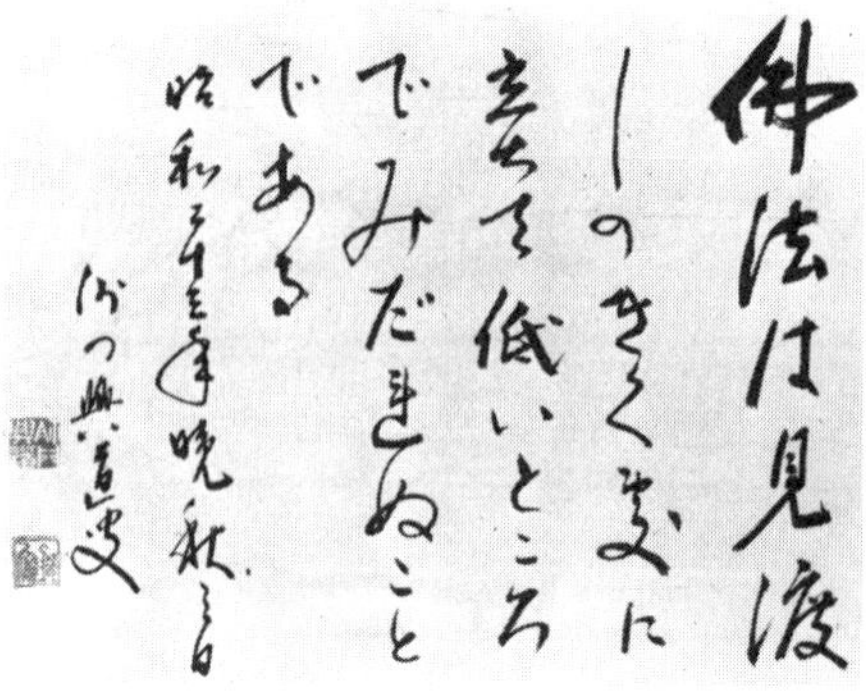

澤木興道筆「仏法は……」

らである。「自分」という小さな殻《から》を作り、それに閉じこもって悩んでいる。その自分の姿を、少し離れて高い所から見れば、それは「自分」を超えた「法界」の姿ではないか。

運動会の帽子取りも、子供たちには争いだが、離れて見ればほほえましい姿である。見渡しのきく所から自分を見て、閉じこもっている自分を解放するのである。

だが仏道は、高《たか》みから下界《げかい》を見下《みくだ》すことではない。現実の重荷を背負った生身の私の一挙手一投足の実際、これが「低い所」である。そこで「自分」の思いを解放し、惑わされず乱されず、自分の道を見失わないことである。

（能勢隆之）

2 悟りの世界

煩悩即菩提《ぼんのうそくぼだい》

――龍樹《りゅうじゅ》（『大智度論《だいちどろん》』ほか）

前出の「生死即涅槃《しょうじそくねはん》」（本書第五章の「生死」の項参照）の対句となるものが「煩悩即菩提」である。

煩悩の迷いがあってこそ、はじめて菩提の覚《さと》りがある。迷いがあればこそ、覚りにいたる縁も生まれるというのである。ことわざに、「煩悩は菩提の種《たね》」とか「煩悩あれば菩提あり」というのも同じ謂《いい》であり、逆にいえば、「煩悩なければ菩提なし」とか「迷わぬものに悟りなし」ということになる。

龍樹（一五〇～二五〇頃）の『大智度論』巻五十には、「煩悩は則《すなわ》ち是《こ》れ実相《じっそう》なり」という釈文が見え、煩悩こそ真実のありのままのすがたであると説く。

しかし有名な解釈は、「生死即涅槃を体《たい》して、名づけて定《じょう》となし、煩悩即菩提を達して、名づけて慧《え》となす」という天台智顗《ちぎ》『法華玄義《ほっけげんぎ》』巻九上の一文である。

（勝崎裕彦）

天地と我と同根、万物と我と一体。

——僧肇《そうじょう》（『肇論《じょうろん》』）

天地は私と同じ根源を持ち、万物は私と一体である。晋代の僧肇（三七四～四一四）が『肇論』の「涅槃無名論《ねはんむめいろん》」において述べた語。

元来は『荘子《そうじ》』「斉物論篇《せいぶつろんへん》」に、

「天地は我と並び生じ、而《しこう》して万物は我と一為《な》り」

とある言葉に基づく。

この言葉は禅宗でも好まれ、唐代の石頭希遷《せきとうきせん》はこの語にちなんで『参同契《さんどうかい》』を撰したとされる。『碧巌録《へきがんろく》』第四〇則の「陸亘《りくこう》天地同根」の公案に引用されて知られる。

人体を形成する一つひとつの細胞のごとく、人間の存在も宇宙を構成する一つであるとともに、一人ひとりが宇宙の代表として「いま」「ここ」に存在しているのである。（佐藤秀孝）

本来無一物《ほんらいむいちもつ》

——慧能《えのう》（『六祖壇経《ろくそだんきょう》』）

もともとカラリとして何もないこと。あらゆるものの真実の姿は、本来執すべき一物もない意。一切は空《くう》であることを示す。敦煌本《とんこう》『六祖壇経』に六祖慧能（六三八～七一三）の偈《げ》として

「菩提本無樹、明鏡亦非台、本来無一物、何処有塵埃」とあり、この語によって慧能は五祖弘忍《こうにん》より法を伝えられたとされる。

この語は、

「菩提は本《も》とより樹無し、明鏡も亦《ま》た台に非《あら》

ず、本来無一物、何《いず》れの処《ところ》にか塵埃《じんあい》有らん」と読み、南宗《なんしゅう》禅の頓悟《とんご》の思想を最も端的に示したものとして重視される。

北宋代の詩人蘇軾《そしょく》（東坡《とうば》居士）の詩に、「無一物中無尽蔵《むじんぞう》、花有り月有り楼台《ろうだい》有り」という句が存し、本来無一物に徹したところに、逆に一切が無限に肯定され現われ出るとする。

（佐藤秀孝）

平常心是道《びょうじょうしんぜどう》
――馬祖道一《ばそどういつ》（『景徳伝灯録《けいとくでんとうろく》』巻二八）

普段の当たり前の心こそ道であるということ。

『景徳伝燈録』巻二八に馬祖道一（七〇九～七八八）の示衆《じしゅ》の言葉として、

「道は修するを用いず、但《た》だ汚染《おせん》することを莫《な》かれ。何をか汚染と為《な》す。但《ただ》し生死の心ありて、造作《ぞうさ》し趣向《しゅこう》せば、皆《み》な是《こ》れ汚染なり。若《も》し直に其《そ》の道を会《え》せんと欲せば、平常心是れ道なり。何をか平常心と謂《い》う。造作《ぞうさ》なく、是非なく、取捨なく、断常なく、凡《ぼん》なく聖《しょう》なし。（中略）只《た》だ如今《いま》の行住坐臥《ぎょうじゅうざが》、応機接《おうきせつ》物《もつ》、尽《ことごと》く是れ道なり」

とある。

平常心とは行住坐臥の日常の生活のことであり、我々の日常のあり方を離れて道（真理）はないことをいう。道は遠いところにあるのではなく、是非や取捨分別《ふんべつ》の念さえ持ち込まなければ、我々の日常生活のただ中に存していることを示している。

『無門関《むもんかん》』第一九則「平常是道」の公案《こうあん》に

よって広く知られる。（佐藤秀孝）

心頭を滅却《めっきゃく》すれば火も自ずから涼し（滅却心頭火自涼）

——杜荀鶴《とじゅんかく》

「分別妄想《ふんべつもうぞう》する心を滅したならば、火も本より涼しい」の意。もとは唐の杜荀鶴の「夏日、悟空上人の院に題する詩」に載る言葉。心頭とは心のこと、ここでは取捨分別する心の作用をいう。心の中の雑念を滅すれば、火中にあっても涼味を感ずるということ。

『碧巌録《へきがんろく》』第四三則の「洞山無寒暑《とうざんむかんじょ》」の公案によれば、曹洞宗祖の洞山良价《とうざんりょうかい》（八〇七〜八六九）は寒さ暑さをどう避けたらよいか問われた際、「無寒暑のところにゆけ、寒いときには寒さに徹し、暑いときには暑さに徹することだ」と答えており、黄竜派《おうりょうは》の死心悟新《ししんごしん》（一〇四三〜一一一四）はこの公案に対して、「安禅は必ずしも山水を須《もち》いず、心頭を滅却すれば火も自ずから涼し」とコメントしている。

戦国時代の末期、甲斐《かい》（山梨県）恵林寺《えりんじ》の快《かい》川紹喜《せんしょうき》（?〜一五八二）がこの句を唱えて、織田軍の放った炎に焼かれて門下の修行僧とともに亡くなった逸話は有名である。（佐藤秀孝）

随処《ずいしょ》に主《しゅ》と作《な》れば　立処《りっしょ》皆《み》な真なり（随処作主　立処皆真）

——臨済義玄《りんざいぎげん》（『臨済録』）

臨済宗祖の臨済義玄（?～八六六）が弟子たちに語ったことばであり、『臨済録』「示衆」に、

「你《なんじ》、且《しば》らく随処に主と作れば、立処皆な真なり。境来たるも回換《かいかん》すること得ず、縦《たと》い従来の習気《じっけ》、五無間《ごむげん》有るも、自ずから解脱《げだつ》の大海と為《な》る」

とある。

あらゆる所において自ら主人公として主体的に生きることができるなら、どんな境遇にあろうとも、自らの居場所がそのまま真実の場となることを示している。

臨済義玄

常に真実の自己を見失うな、主体的な生き方をせよ、という意であり、臨済は修行によって良く調えられた自己すなわち一無位《いちむい》の真人《しんにん》を信ずることを第一に重んじている。

（佐藤秀孝）

日日是好日《にちにちこれこうにち》

――雲門文偃《うんもんぶんえん》（『雲門広録』巻中）

唐末五代の禅僧で、雲門宗開祖の雲門文偃（八六四～九四九）の言葉である。

雲門があるとき弟子たちに「いまから十五日以後の自分の心境を一言で言ってみよ」と問いかけた。誰も答えることができないでいると、雲門は自ら「日日是れ好日」と答えた。

この話は『雲門広録』巻中に見えるが、一般

には『碧巌録《へきがんろく》』第六則「雲門日日好日」によって広く知られる。

好日とは吉日、めでたい日のこと。毎日毎日が掛け替えのない一日である。同じ意味のことばに「年年是好年《こうねん》」がある。

いまを最も大切に生きることを説く禅宗の人生観を表わす言葉として珍重されている。

（佐藤秀孝）

渓声《けいせい》便《すなわ》ち是《こ》れ広長舌《こうちょうぜつ》

――蘇軾《そしょく》（『蘇文忠公詩集』巻二三）

北宋の詩人、蘇軾《そしょく》（東坡居士《とうばこじ》、一〇三六～一一〇一）が臨済宗黄竜《おうりょう》派の東林常総《とうりんじょうそう》（一〇二五～一〇九一）に呈した言葉。『蘇文忠公詩集』巻二三に「東林の総長老に贈る」と題して、

「渓声便ち是れ広長舌、山色豈《あ》に清浄身に非ざらんや。夜来八万四千の偈《げ》、他日、如何《いか》んが人に挙似《こじ》せん」

という詩が載せられており、『嘉泰普灯録《かたいふとうろく》』巻二三の蘇軾の章にも引用されている。

渓声とは谷川のせせらぎの音、広長舌とは仏の三十二相の一つであり、仏の説法に準《なぞら》えられている。また山色は峰々の景色、清浄身とは仏の清らかな姿のことである。

道元はこの漢詩を、

「峯の色、谷の響きも、皆ながら、吾《わ》が釈迦《しゃか》牟尼《むに》の、声と姿と」

という和歌に改めている。大自然の風光の中に真理の音、真理の姿をとらえる禅の自然観が窺《うかが》われる。

（佐藤秀孝）

鳥もしそらをいづれば、たちまちに死す。魚もし水をいづれば、たちまちに死す。

――道元《どうげん》（『正法眼蔵《しょうぼうげんぞう》』「現成公案《げんじょうこうあん》」の巻）

私たちは自分一人で生きているように思っているが、実はこの私は、全宇宙と一体の存在である。

「尽十方界真実人体《じんじっぽうかいしんじつにんたい》」の言葉がそれを示している。宇宙と言うよりも更に広い、無限不可思議の世界と一体のものとして、一瞬一瞬を生かされている。

ところが私たちは、皮一枚の内側を他の一切と区別し、更にそれを「自分（我）」とし、その自分を中心にして生きている。見る聞く考える、全て自分中心である。

それは魚・鳥を水・空と切り離し、水・空を出て生きられると考えるに等しい。水を離れた魚は、考えられた魚で、本当の魚は死んでしまっている。

仏道は生きたままの魚が生きることである。全てを「諸法の仏法なる時節」として行ずることである。

（能勢隆之）

華《はな》のことは華にとへ、紫雲《しうん》のことは紫雲にとへ、一遍はしらず。

――一遍《いっぺん》（『門下伝説』）

念仏札《ふだ》を配って全国を遊行《ゆぎょう》した一遍（一二三九～一二八九）だが、民衆の動揺を恐れた幕府により一行の鎌倉入りは拒否される。

そこで一遍は鎌倉の西にある片瀬の地に留ま

一遍（愛媛・宝厳寺蔵）

り、踊り念仏を始め、多くの人で賑《にぎ》わっていた。

その時、空から多くの花が舞い散り、紫雲が棚引《たなび》いた。天から花が舞い散るのは諸仏が眼前に現われている徴《しるし》であり、その諸仏が乗ってくるのが紫雲である。

その妙《たえ》なる有様《ありさま》を目《ま》の当たりにした人々が驚いている傍《かたわ》らで、一遍は冒頭の言葉を口にする。すなわち、南無阿弥陀仏の六字名号の働きによって、すでに往生は決定しているのだから、天から花が舞い散ろうが、紫雲が棚引こうが一向にお構いなし、「一遍はしらず」である。

（林田康順）

有漏路《うろじ》より　無漏路《むろじ》へかえる　一休み
雨降らば降れ　風吹かば吹け
――一休《いっきゅう》（『一休咄《はなし》』）

一休和尚（一三九四〜一四八一）は僧名を宗純《そうじゅん》と言ったが、別に「一休」という道号《どうごう》を用いたので、ある人がその意味を訊《たず》ねたときに答えた歌である。

「有漏路」とは様々に迷いを巡らせて生きる現実世界のこと、「無漏路」とは何とも思わないで済んでいるところである。

生と死、心と身体、意識と無意識、善と悪、迷いと悟りと、私どもは二つの間を行き来しながら生を確認してきた者である。その生も永遠

（無漏路）から見れば、わずかな時間である。されば、雨も風も避けず厭《いと》わずにゆく心が「一休み」ということだと、一休は解説した。

苦労を嫌い、目先の楽しみばかりを求める者には、ついに知りえぬ自由な心がそこにはある。

（形山睡峰）

生きながら　死人となりて　なり果てて　思いのままに　するわざぞよき

——至道無難《しどうぶなん》（『即心記《そくしんき》』）

死人は、生者のように意識が働くことがない。ところが無難禅師《ぜんじ》（一六〇三～一六七六）は、今生きている我が身のうちに、死人と同じ、意識の働かない場を見出した。すると、思いのままに為《な》して少しも道を外れない自由な心を得たのだった。

生者に、死人と同じ場所などあるはずがないと思うだろうか。天地は無限に生死をくり返し、日々新たに命を生み出しては刻々滅している。その止むことなき働きに、生死を超えた永遠の無心を見たのである。死人もこれに促《うなが》されて死に、生者もこれに与《あずか》って誕生してきた。生きながら、身も心も無くして、死人となり切って物に対してゆけば、即座に悟る道である。

（形山睡峰）

仏になろうとしようより、仏でおるが造作《ぞうさ》のうて近道でござるわいの。

——盤珪永琢《ばんけいようたく》（『大法正眼国師法語《だいほうしょうげんこくしほうご》』）

「一切は不生《ふしょう》の仏心で調《ととの》っている」というの

が、盤珪（一六二二～一六九三）の悟りだった。

「不生」とは、初めから具《そな》わっていて、改めて生じることがないという意味である。我々は修行すれば悟り、怠れば迷うように思う。だが、仏心には元来、迷悟がない。迷悟は人間の安心を願う一念が作ったものである。だから、初めから仏心のままにいて、迷悟の念を思わねば、皆、即座に仏である。

例えば、聞こうと思わなくてもチュンと鳴けば雀と悟り、ワンと吠えれば犬と悟って間違うことがない。その心を不生の仏心という。

それを憎い愛しい悲しい嬉しいの念に仕替《しか》えるから迷う。仕替えないで、端から仏心でおるのが一番の近道だと、盤珪は説いた。


（形山睡峰）

花は無心にして蝶《ちょう》を招き　蝶は無心にして花を訪《たず》ぬ
――良寛《りょうかん》

花は蝶を招こうとして咲いているのではない。そんな心は無いけれども、花が開けば蝶がやって来るし、蝶が来るとき花は開く。私が人を訪ねるのも同じだ。私はその人を知らないし、その人も私を知らない。知る必要などない。知らないで道にかなっている。

これは五言七句の漢詩で、良寛（一七五八～一八三一）はこのようにうたっている。

これは『観音経』に、観世音菩薩が「娑婆世《しゃば》界に遊ぶ」とある、「遊ぶ」姿であろう。「法華」とは法の華の意味である。法は妙法。娑婆は忍土《にんど》（忍ばねばならない土地）だが、娑婆世界の全ては妙不可思議な法の華である。

野に咲き乱れるあらゆる花のように、それぞれが真実の花ざかりである。そこに遊べばよい。蝶が花を訪ねるように。

（能勢隆之）

災難《さいなん》に逢《あ》う時節には災難に逢うがよろしく候。死ぬ時節には死ぬがよく候。

――良寛

文政十一年（一八二八）十一月十二日、三条の大地震があり、その十二月八日に良寛が山田杜皐《とこう》に送った手紙の言葉。ふつう不用意にこれを言えばとんでもない言葉となる。良寛の人柄なればこそ、良寛をよく知る人への手紙なればこその言葉である。

倒壊家屋九八〇〇戸、焼失家屋一二〇〇〇戸、死者は一四〇〇人に及んだ。気楽な良寛の無責任な言葉ではない。「是《これ》はこれ災難をのがるる妙法にて候《そうろう》」とある。悲惨をなめ尽くした上での、結局これ以外にないという結論であろう。

これを私たちは世間の言葉としてではなく、仏道の言葉として受けとめ、学ぶ必要がある。災難が必ずしも災難ではない。それは私の思いを超えた、妙不可思議なことがらである。

（能勢隆之）

うらを見せ　おもてを見せて　ちるもみじ

――良寛

天保元年（一八三〇）の大晦日を控え、貞心《ていしん》

尼《に》は一人残って良寛を看病していた。衰弱しゅく良寛に、ただ悲しく、

「生き死にの　界《さかい》はなれて住む身にも　さらぬ（避けられない）別れのあるぞ悲しき」

ともらすと、それを聴いて良寛は、自身の作ではないが、この言葉をつぶやいて返した。ただ衰えて死を待つだけではない、激しい下痢と苦しみは耐え難いものであった。

　枝を離れたもみじの葉が、全山紅葉の中をひらりひらりと舞い落ちて行く。それは自分の「いのち」そのものの姿である。苦しむ自分も、悲嘆にくれる貞心尼をも含めて、自然の「いのち」の姿である。

　悲しくもおごそかな風景である。良寛が息をひきとったのは、翌正月六日の夕刻であった。

（能勢隆之）

いつ死んでも　ありがとうや
——大西良慶《おおにしりょうけい》

毎年の年末に、その一年を象徴する一文字を大書する様子がテレビで親しまれた、清水寺《きよみずでら》の大西良慶師（一八七五～一九八三）の言葉である。

古い話になるが、京都駅前のビル屋上に京都タワーがそびえ立つことになって景観論争が沸騰《ふっとう》した。そのころ、宗教紙の駆け出し記者

大西良慶

だった私は清水寺に良慶さんを訪ねて感想を求めた。

「豆腐にロウソク立てて、どないすんのや」

その時、この言葉が返って来た。たしかに豆腐のお化けとローソクのお化けが合体しては調和が崩れて美しくも、ありがたくもない。

「人と争わず、生きてあるのを喜べる、そんな今日が美しい。いつ死ぬるかも仏のお許しや。美しいことがありがとうのうて、何がありがたいのんや」

いまも時に、良慶さんのこの声を耳にするような気になる。

（寺林　峻）

【執筆者一覧（五十音順）】

井上《いのうえ》ウィマラ	高野山大学准教授
岩井《いわい》 昌悟《しょうご》	東洋大学准教授
及川《おいかわ》 真介《しんかい》	日蓮宗僧侶・パーリ仏典研究者
加来《かく》 雄之《たけし》	大谷大学教授
形山《かたやま》 睡峰《すいほう》	茨城・無相庵菩提禅堂堂主
勝崎《かつざき》 裕彦《ゆうげん》	大正大学教授
小峰《こみね》 彌彦《みちひこ》	東京・觀藏院住職／大正大学教授
小山《こやま》 榮雅《えいが》	東京・宝生院住職／作家
佐藤《さとう》 秀孝《しゅうこう》	新潟・少林寺住職／駒澤大学教授
塩入《しおいり》 法道《ほうどう》	信濃国分寺住職／大正大学教授
菅沼《すがぬま》 晃《あきら》	東洋大学名誉教授
寺林《てらばやし》 峻《しゅん》	作　家
能勢《のせ》 隆之《たかゆき》	兵庫・弘誓寺住職
服部《はっとり》 育郎《いくろう》	三重・林松寺住職／東方学院講師
浜島《はまじま》 典彦《てんげん》	東京・修性院住職／身延山大学教授
林田《はやしだ》 康順《こうじゅん》	大正大学准教授
羽矢《はや》 辰夫《たつお》	青森公立大学教授
古山《ふるやま》 健一《けんいち》	駒澤大学非常勤講師
松田《まつだ》 慎也《しんや》	上越教育大学教授
皆川《みなかわ》 廣義《こうぎ》	駒澤大学名誉教授
森《もり》 章司《しょうじ》	東洋大学名誉教授
横山《よこやま》 全雄《ぜんのう》	広島県福山市・備後國分寺住職

本書は、『大法輪』平成19年2月号特集「心で唱えたい　仏教の名句・名言」、同年12月号特集「真理への道　ブッダの名句・名言」を再編集したものです。

ブッダ・高僧の《名言》事典

平成23年 8月 10日　初版第1刷発行 ©

編　者　大法輪閣編集部
発行人　石　原　大　道
印刷所　三協美術印刷株式会社
製　本　株式会社 越後堂製本
発行所　有限会社 大法輪閣
東京都渋谷区東2-5-36　大泉ビル2F
TEL　(03) 5466-1401(代表)
振替　00130-8-19番

ISBN978-4-8046-1323-9　C0015　Printed in Japan